NICOLÁS
MAQUIAVELO

NICOLÁS MAQUIAVELO

por Roberto Mares

Grupo Editorial Tomo, S.A. de C.V.
Nicolás San Juan 1043
03100 México, D.F.

1a. edición, julio 2004.

© Grupo Editorial Tomo, S.A. de C.V.
  Nicolás Maquiavelo

© 2004, Grupo Editorial Tomo, S.A. de C.V.
  Nicolás San Juan 1043, Col. Del Valle
  03100 México, D.F.
  Tels. 5575-6615, 5575-8701 y 5575-0186
  Fax. 5575-6695
  http://www.grupotomo.com.mx
  ISBN: 970-666-998-1
  Miembro de la Cámara Nacional
  de la Industria Editorial No 2961

Proyecto: Roberto Mares
Diseño de Portada: Trilce Romero
Formación Tipográfica: Servicios Editoriales Aguirre, S.C.
Supervisor de producción: Leonardo Figueroa

Impreso en México - *Printed in Mexico*

Contenido

Prólogo

Desde siempre y hasta ahora la riqueza y el poder son hermanos de sangre; y más que eso, son una misma sangre que parece correr por cauces diferentes, aunque siempre confluyen hacia donde mismo y se juntan inexorablemente, por más diques y represas que se les pongan en el camino, porque la riqueza y el poder son los dos grandes motivos de la conducta humana: la sístole y diástole que hace latir el corazón de la historia. Así lo entendemos todos, aunque también sabemos que en algunos rincones embrionarios de nuestro delicado corazón fluyen los humores de un humanismo desesperado y melancólico que pugna por expresar una verdad distinta, pero no menos objetiva ni menos verdadera que aquella del pez grande que, con estricto apego a la legalidad de la vida, se almuerza al chico sin el menor remordimiento.

Y no podría ser de otra manera, pues los peces grandes, chicos o medianos, están resignados a su vida natural y andan tan escasos de inteligencia que fácilmente caen en la red o muerden el anzuelo sin que les dé tiempo de reflexionar acerca de su patética condición.

Será por eso que los peces no hacen historia ni se imaginan lo que podría suceder en el futuro, como hacemos nosotros, los humanos, que somos capaces de recordar e incluso de predecir, por lo que podríamos presumir de una gran altura evolutiva y considerarnos cualitativamente distintos de nuestros hermanos del mar, de la tierra o del aire. Por supuesto, hay mucho de verdad en esta noción de superioridad, porque no existen orangutanes matemáticos, avestruces poetas o hipopótamos con vocación filosófica.

Nuestro orgullo, sin embargo, se debilita de vez en cuando si observamos con perversa objetividad los hechos de la realidad, en especial aquellos que se producen en las áreas de la economía y la política, o sea, en los dominios de la riqueza y del poder. Entonces nos parece que las leyes de la naturaleza rigen también entre nosotros, y que la diferencia respecto de los animales es sólo el matiz, la manera, la complejidad de las relaciones humanas, pero nada más, nada de fondo, ninguna diferencia "cualitativa"; aunque sí algunas características muy interesantes, eso sí, como por ejemplo que las personas podemos convertirnos en "peces grandes" y proceder a la ingesta de los chicos con gran voracidad, pero con inteligencia y buen gusto.

Nicolás Maquiavelo dedicó su vida a estudiar, cultivar y difundir ese arte extraordinario que consiste en volver concreta esa pasión abstracta que es la "voluntad de poder", como diría Nietzsche. Aunque, para Nicolás, esa voluntad no era algo estrictamente personal, o siquiera "interpersonal", sino todo un fenómeno social, y, como tal susceptible de ser entendido y manejado como cualquier otro fenómeno de la realidad. Tal vez es por ello que se ha considerado a Maquiavelo como el padre de la ciencia política.

En Italia, el Renacimiento se presenta como un gran tablero de ajedrez político, el panorama cambia, se transforma constantemente por la habilidad de los jugadores dominados por la pasión del poder. En la mentalidad renacentista, todo hombre rico lo es en justicia, cualesquiera que hayan sido sus métodos, y también es justo y lógico que adquiera el poder y lo ejerza a su arbitrio, puesto que su vida es movida hacia el éxito por los vientos de la fortuna, y siendo un hombre "de fortuna", "agraciado por Dios o el destino", sus actos no responden a la "virtud" en un sentido moral, sino a la *virtú*, término inventado por Maquiavelo para señalar la esencial cualidad del político, que es una especie de pragmatismo a ultranza en el que los valores morales quedan en un segundo plano, pues lo que importa es asegurar la eficacia de la acción.

A primera vista, la *virtú* de Maquiavelo se nos presenta como una apología del cinismo, o como la aceptación y sistematización de la "amoralidad" en la política; evidentemente hay mucho de cierto en esta perspectiva, pero al leer con cuidado los datos de la vida de este pensador, nos daremos cuenta de que detrás de su obra se trasluce una intención oculta: la unificación de Italia, la creación de una patria mucho mayor que las ciudades-Estado que eran el remanente de una Edad Media ya superada, y todavía más: la creación de una nación liberal y republicana, lo que parecería un contrasentido para los lectores de su famosa obra *El Príncipe*. Pero no cabe duda que Nicolás creía (como muchos han creído a lo largo de la historia) que una voluntad poderosa y desprovista de los blandos valores morales podría concentrar todo el poder y someter a Italia al imperio de una fuerte autoridad que restableciera aquella *pax romana* que fue un gran yugo para los pueblos, pero también un camino abierto hacia la civilización, paradoja que el propio Maquiavelo deja ver en sus textos y que se observa en las actitudes de los poderosos del Renacimiento, seres capaces de una fría crueldad, pero al mismo tiempo generosos y abiertos a la cultura. El príncipe renacentista es capaz de todo, no reconoce poder alguno más allá de su voluntad; el mismo Dios es una figura brumosa y hasta un poco molesta, como un abuelo senil que sueña en un orden medieval y se aparece de vez en cuando para dar consejos a la gente sencilla; pero ya no manda, y mucho menos en aquellos de sus nietos que han tomado la tierra por heredad y se disponen a conquistarla por la fuerza de la astucia o de las armas, haciendo frente a quien se les ponga delante. Esa es la nueva ley, la ley de los hombres; porque el renacimiento es una época de acendrado humanismo: la fuerza, la inteligencia y la voluntad son la medida de todas las cosas. Esa es la mentalidad de César Borgia, pero también de san Francisco de Asís, por extraño que parezca, porque en ambos madura el fruto prohibido del albedrío, la elección irreverente, pero libre y comprometida con las cosas del mundo.

Este libro no representa solamente observación de un ser en especial, sino la exploración de una "manera de ser" en un momento altamente significativo de la historia universal que tuvo su epicentro en la ciudad de Florencia, pero que se extendió a todo el mundo civilizado y es una de las raíces de la modernidad. Maquiavelo no sólo vivió con intensidad esa manera de ser, sino que fue capaz de entenderla y expresarla con una penetrante claridad. No sería exagerado afirmar que nadie ha tratado el tema de la política como lo hizo Maquiavelo, por lo menos nadie con el candoroso cinismo que lo caracteriza. Así que cuando pensamos en una racionalidad fría y desprejuiciada, en una inteligencia carente de valores morales, no dudamos en calificarla de "maquiavélica", y el proyecto que de ella se deriva nos parece propio de una mente retorcida. Pocos autores han tenido el nefasto privilegio de haberse convertido en símbolos de algo, como es el caso de Kafka, Sade, Masoch..., y Nicolás Maquiavelo; ninguno de ellos se lo propuso, y menos el personaje que nos ocupa, cuyo maquiavelismo no se nos aparecerá como inhumano o perverso después de leer este libro.

Roberto Mares

1

Origen y formación

Niccoló Machiavelli nació el tres de mayo de 1469, de Bartolomea de Nelli y Bernardo Machiavelli, quien cargaba con el estigma de haber sido "hijo natural", conforme el testimonio de algún cronista de la época. En efecto, el padre de Bernardo, Niccoló di Buonisegna murió prematuramente en 1492, a los cuarenta y cinco años de edad, según parece sin haber contraído nunca matrimonio y con un hijo pequeño, a quien, sin embargo, reconoció y legitimó en su lecho de muerte, confiándolo a la custodia de los hermanos. A esto se debe tal vez la situación de menor prestigio de la rama de Bernardo, comparada con la de los otros Machiavelli, quienes poseían una cierta jerarquía social, no obstante que, en la estratificación florentina eran considerados *popolo grosso* (gente común). A pesar de aquel estigma y de su baja condición social, Bernardo era un personaje respetable, y al parecer contaba con estudios jurídicos reconocidos, ya que firmaba en documentos oficiales como *messer*, que era un título entre académico y burocrático. Además, se tiene constancia de que durante un tiempo considerable ocupó el cargo de tesorero de un poderoso gremio artesanal, y que ejerció la abogacía en la ciudad con un cierto éxito. El ejercicio de esta profesión y la administración de algunas propiedades le permitió hacerse de una pequeña biblioteca privada, que en aquellos tiempos no era algo accesible al pueblo bajo. Al parecer nunca ocupó cargos públicos, sin embargo se sabe que fue muy apreciado por sus contemporáneos a causa de sus conocimientos jurídicos. Ninguno de sus escritos pasó a la historia, pero es significativo que Bartolomeo Scala, primer canciller de la República florentina en tiempos de Lorenzo de Medici, lo haya puesto de interlocutor en un diálogo suyo, titulado *De legibus et iudiciis,* en el que lo llama "amigo y familiar mío".

El único indicio de que Bernardo escribió una obra cultural es lo que él mismo asentó en la notas que llevaba a manera de "diario", donde dice que el día 22 de septiembre de 1475 firmó un contrato con el editor Nicolás della Magna, en el que se comprometía a elaborar un índice de lugares geográficos para las *Décadas,* de Tito Livio, y como único pago recibiría un ejemplar de la futura edición. Aparentemente la obra nunca llegó a publicarse; aunque Bernardo cumplió su compromiso, entregando el trabajo el 5 de julio de 1476.

El joven Niccoló, (a quien en lo sucesivo llamaremos Nicolás, siguiendo la costumbre hispánica) crece, pues, en un ambiente modesto pero ciertamente culto. No solamente su padre era dado a las letras, sino también Bartolomea, la madre, gustaba de escribir poesía y pensamientos religiosos. Nicolás recibe los rudimentos del saber conforme a la costumbre: a los siete años estudia gramática latina, para pasar, recién en 1481 al estudio de los clásicos, habiendo iniciado el año anterior el estudio de la aritmética. Parece que no continuó sus estudios, cosa que, por otro lado, no le era necesaria, a no ser que hubiese decidido dedicarse a la profesión de litigante. Es de considerarse la brevedad de su preparación académica formal, pero también es válido afirmar que debió haber tenido una amplia preparación autodidacta, pues desde muy joven se le tuvo en alta consideración por su saber, lo que se puede corroborar por el hecho de que, en 1497, la familia Maclavelorum le confía la

defensa de una causa importante para ellos, enviándolo a Roma, con una carta de presentación para el cardenal Todeschini Piccolonini, quien llegaría a ser el papa Pío III. Esta carta se la había otorgado el acérrimo enemigo del monje Savonarola, Pedro Dolfin, general de la poderosa orden religiosa de los Camaldulenses, lo que pone en entredicho la opinión de muchos historiadores en el sentido de que Maquiavelo fue partidario del régimen oscurantista del monje Jerónimo de Savonarola. Tal vez la confusión procede de que un primo suyo, además homónimo, militaba en el partido del místico dictador. En aquella época, Nicolás se orienta más a las letras que a la política; su padre pertenecía al círculo de Bartolomé Scala, cuya hija, Alejandra, había contraído matrimonio, en 1496, con el poeta Miguel Marullo Tarcaniota, estudioso apasionado de Lucrecio y comentarista de su obra *De rerum natura*. El propio Nicolás fue autor de una copia del poema de Lucrecio.

Todos estos datos concuerdan perfectamente con el primer documento político de Maquiavelo que poseemos, la famosa carta al embajador florentino en Roma, Ricciardo Becchi, del 9 de marzo de 1498, donde comenta los sermones de Savonarola sobre el *Éxodo*, pronunciados en San Marcos:

> *"...y dijo que Dios le había dicho que había alguien en Florencia que quería convertirse en tirano, y que adoptaba prácticas y modos como para lograrlo; y que intentar expulsar al fraile, excomulgar al fraile, perseguir al fraile, quería decir lo mismo que querer convertirse en tirano; y que se debían cumplir las leyes. Y tanto dejo, que a partir de entonces los hombres hicieron públicamente conjeturas de alguien que está tan próximo a hacerse tirano como vos del cielo. Pero habiendo más tarde escrito Su Señoría en favor de él al pata, y viendo que ya nada tenía que temer de sus adversarios en Florencia, mientras que antes trataba de robustecer su parte sólo aborreciendo a los adversarios y espantándolos con el nombre de tirano, al ver que no le servía más, cambió de disfraz y exhortándolos a ellos a la unión con el príncipe, no mencionando más el nombre de tirano ni hablando ya de la maldad de los mismos, se esfuerza por enemistarlos a todos contra el sumo pontífice, y volviendo hacia él sus mordeduras dice de él lo que se podría decir del más malvado de los hombres; y así, según mi parecer, se va acomodando a los tiempos y cambiando el color de sus mentiras.*

Durante gobierno de Savonarola Florencia seguramente daba la impresión de haber regresado a la época medieval, pero tanto para la ciudad como para Maquiavelo aquello fue una crisis vigorizante, como una enfermedad que, al ser superada, fortalece al organismo que la padeció.

2
Economía y política

l margen de los cortos periodos de absolutismo, hacía dos siglos que Florencia disfrutaba de un verdadero régimen democrático; así pues, las vicisitudes de la vida política oscilaban de forma alternativa entre la tiranía de las clases acomodadas y la dictadura de las masas, que en forma periódica alteraba el orden establecido y lo sustituía por un gobierno con aparente orientación popular, pero que tarde o temprano se transformaba en oligarquía o caía en la anarquía. De vez en cuando ocurría que un hombre honesto y de buena voluntad podía restablecer la calma en la ciudad, frenando los abusos de los partidos y los excesos de las facciones. En un primer momento, se le aplaudía, puesto que expresaba lo que el pueblo quería oír, hablaba de justicia igual para todos, de acceso a los pobres a los altos cargos del Estado, de justa administración de los impuestos, de disciplina y obediencia, pero, transcurrido un tiempo, la realidad económica se iba imponiendo y los dirigentes del gobierno populista tenían que realizar toda clase de alianzas con tal de mantener el orden general y su particular poder, con lo que invariablemente se generaba una oposición. A causa de la gran participación de los ciudadanos en la política, rápidamente se formaban partidos de diversa índole, pero contrarios al régimen, que luchaban por derrocarlo e imponer su modelo social.

En las primeras revueltas sociales, desde 1250, se habían derribado las torres de los castillos pertenecientes a los señores feudales, lo que era un gesto simbólico, y se había excluido casi por completo a los nobles de los organismos de consejería comunal, donde en principio artes mayores y menores se encontraban representadas por igual. Ya no se establecían distinciones entre el artesano y el gran comerciante o el banquero, pues todos gozaban de los mismos derechos y se velaba con escrupulosidad por que nadie se viera excluido de los diversos órganos del gobierno a causa de su origen social. Cuando los ricos trataban de acaparar el poder, el pueblo llano los llamaba a cuentas sin guardar miramiento alguno, y los desterraba en cuanto descubría en ellos síntomas de autocracia.

De la época en que güelfos y gibelinos se maldecían y se mataban entre ellos, partidarios los unos del Papa y los otros del emperador, Florencia había conservado la tradición del exilio obligado para los líderes de los partidos que eran vencidos en la contienda política. Sin embargo, estas derrotas nunca eran definitivas. Los proscritos de refugiaban en cortes extranjeras donde intrigaban contra los que los habían expulsado, hasta que ocasionalmente lograban regresar por sus fueros.

El caso de los aristócratas era especial, pues de hecho ellos vivían en una relativa marginación desde finales de la Edad Media, habiéndose refugiado en sus antiguas posesiones campiranas, donde en realidad estaban muy lejos de ejercer al feudalismo que les había dado poder y riqueza en la antigüedad. Los nobles italianos vivían sin el boato de antaño, de la renta de sus tierras y de los manejos de sus hijos, cuya educación seguía siendo elitista, pero totalmente improductiva, por lo que no tenían muchas opciones para destacar socialmente, lo que determinaba que muchos de ellos optaran por la carrera de las armas, lo que era parte de su tradición, aunque ahora desprovista de todo heroísmo, pues se trataba más bien de un trabajo mercenario.

Muchos nobles venidos a menos entraron al servicio de príncipes y repúblicas como oficiales de tropa o simples caudillos de soldados contratados para alguna causa particular. Algunos se alistaban de forma continua y con un sueldo fijo, otros simplemente lo que duraban las hostilidades. Aquellos que tenían mayores recursos manejaban su propio ejército, reclutado con su dinero, mantenido y equipado a su costa, y lo alquilaban a quien requería sus servicios, igual que se arrienda una cuadrilla de jornaleros para un trabajo determinado. Algunas veces, los Estados para los que combatían los recompensaban con la donación de una ciudad o de un vasto dominio, o incluso con los títulos y las propiedades de un adversario vencido, de tal suerte que permanecían fieles al oficio de las armas, sin consentir en la adopción de alguna actividad lucrativa, pero comprometida y responsable. Ellos gozaban de una existencia azarosa, excitante, noble a sus ojos y muy bien remunerada. Estos empresarios de la guerra habían logrado hacer de su tradición guerrera el negocio que les suministraba el sustento y, por su parte, los Estados que los empleaban se habían liberado de la preocupación de mantener un ejército, de manera que todos salían beneficiados.

A pesar de que los Estados vivían en constante contradicción y muchas veces los conflictos se resolvían por las armas, la fuente del poder en el Renacimiento italiano era sin duda la economía, por lo que el sistema tendía a cimentar el poder de la clase burguesa, cuyos representantes dominaban en todas las áreas productivas y por ende en las profesiones liberales. Además, éstos habían aprovechado la marcha de los nobles para acaparar, con discreción y timidez (a fin de no alarmar a los proletarios), el poder político que aquellos habían detentado por la vía de la herencia. Así pues, formaba parte del orden natural de las cosas que la administración y el gobierno de una ciudad pertenecieran a quienes, por formación, tradición, aptitud y ocupación, parecían más capaces que el resto para gestionar los

17

asuntos públicos, y ésta no podía ser otra que la poderosa burguesía. En principio, desde la revolución de 1250 y la constitución de 1267, todo el mundo podía aspirar a todos los cargos. Los partidos velaban con sumo cuidado por que todas las corporaciones estuviesen representadas en los consejos, cuyos miembros eran elegidos por sufragio. pero no podía impedirse que los hombres dotados de una cierta experiencia política, o más inteligentes que otros, o más hábiles, se convirtieran de hecho en los verdaderos jefes. La opinión pública sólo podía escuchar la voz más autorizada, al menos, en los periodos de dificultades externas, de guerras, cuando se hacía evidente que el igualitarismo puntilloso no era la mejor estrategia para resolver la crisis. En el seno de las asambleas populares destacaban algunas personalidades que, de forma natural, tomaban las riendas del Estado. Normalmente eran hombres ricos que, por el mero hecho de serlo se hacían con muchos amigos, clientes y obligados. La influencia de esta clientela, similar a la que escoltaba a los políticos romanos, era de peso en las deliberaciones, y cuantos tenían interés en estar en buenos términos con un comerciante complaciente o con un banquero generoso, los apoyaban incondicionalmente.

Fue así como la burguesía llegó, sin el recurso de una violenta revolución, por el proceso de una evolución que se entendía como algo natural, a recoger la herencia de la nobleza abolida. Las ventajas de la que ésta disfrutaba no eran, al menos al principio, sino la contrapartida de los servicios que rendía al Estado. También la burguesía participaba en estos servicios, a excepción de lo relativo al servicio de las armas, que se distinguía de forma igualitaria entre todas las clases de la población; por lo tanto, parecía equitativo, o al menos inevitable, que obtuviera en compensación los beneficios y el prestigio que generaban dichos servicios. Pero era obvio que los burgueses los merecían de igual modo, por su consagración a los asuntos públicos y por cómo se esmeraban por embellecer la ciudad, fomentar la cultura y sustentar a los artistas, y sobre todo propiciar al flujo de dinero, que era lo que creaba la bonanza general. Si la nobleza había constituido en sus tiempos una elite, podía afirmarse que en esos momentos la burguesía se había convertido en algo similar; era normal, pues, que aspirara a las mismas ventajas y a los mismos privilegios. Aunque, en estas circunstancias, y dado que el ejercicio del poder no estaba fundamentado en mecanismos explícitos, como la tradición y la herencia, se hacía necesario actuar de manera inteligente, oponiendo la astucia y el dinero ante la nostalgia de lo viejo y la pujanza de lo nuevo, que era la democracia representativa. Lo prudente, sobre todo, era no entorpecer la marcha de las cosas, que por sí sola tendía a poner de nuevo todos los órganos del poder en manos de la clase rica, cultivada y consagrada al bien público, cuya prosperidad y la del Estado parecían estar íntimamente ligadas. Había que permitir también que esa ascensión al poder se produjera de forma lenta y cauta, sin llamar la atención y; así se evitaba ofender a unos y otros, haciendo ostentación de opulencia o prestigio. Era una cuestión de tacto, mesura y habilidad. El florentino sutil, agudo y sensible a los matices, sobresalía en ese juego, al igual que el genovés o el veneciano. Y es que, sin duda, también había una buena parte de "juego" en todo esto, lo que hacía que el debate fuera aún más atractivo. Es en esta manera de jugar con la vida social donde el pensamiento de Maquiavelo revela su verdadero sentido, pues se entiende como una forma de estructurar y metodizar actitudes que ya se vivían en el contexto de lo real, independientemente de que, en su obra, se aluda constantemente a la historia, en busca de una memoria que permita entender el presente y, sobre todo, proyectar el futuro.

Siguiendo la tendencia normal del desarrollo burgués, el pequeño comercio había pasado a depender de los negocios a gran escala, y tanto los pequeños como los grandes necesitaban a los banqueros para manejar sus finanzas, lo que incluso se había extendido al campo, pues la agricultura se iba transformando también en un proceso de libre empresa, abandonándose los antiguos esquemas de vasallaje. En muchos casos, el prestamista se convertía en el árbitro de la situación, a cambio de los servicios que prestaba, era parte del juego el seguir sus consejos y obedecer sus directrices políticas.

A pesar de la constitución democrática y del sospechoso igualitarismo que ésta propiciaba, se había constituido una clase de favorecidos similar a la que, por otro lado, se encuentra en todos los regímenes, pues es inevitable que surjan privilegios, y además el debate político se centra en la cuestión de saber quién los poseerá. Una auténtica nobleza, pues, había sustituido a la que en su día se obligó al destierro; una nobleza de dinero, y ya no de espada; una nobleza, en definitiva, ciudadana y comerciante que estaba formada por un número concreto de familias, cuyos miembros concentraban todas las palancas de mando; eran los Pazzi, los Albizzi, los Strozzi y los Medici, banqueros y negociantes que gracias a su inteligencia, su sentido del costo-beneficio, su formación política y sus relaciones internacionales, se vieron conducidos al ejercicio del mando casi sin proponérselo, como si la balanza entre la economía y la política se inclinara inexorablemente a favor del capital, como principio de realidad, por sobre cualquier otro proyecto de vida comunitaria.

Sin embargo, había un tercer peso en la balanza: el pueblo. Resultaría sorprendente que, conscientes de su poder, esos grandes burgueses no acabaran por adoptar patrones de explotación. Lo cierto es que cuando se sintieron lo bastante fuertes para imponer reformas, aprovecharon la ocasión para recortar las prerrogativas de las artes menores, incluyendo, por supuesto, los salarios, y también para aumentar las horas de trabajo. Al mismo tiempo, se disputaron unos a otros los cargos de alta jerarquía eclesiástica, lo que tenía un carácter sagrado para la gente común; incluso llegaron a hacer alarde de forma impudente de su opulencia, con tal ostentación y mal gusto que acabaron por molestar al proletariado. Fue entonces cuando se desencadenaron las rebeliones populares que por un tiempo derribaron a la "nobleza de hecho", que había confiado demasiado en su poder y prestigio. Del pueblo surgieron cabecillas, líderes como Gino Pecora, llamado "el carnicero", o Giano della Bella, un antiguo noble que había tomado el partido del pueblo.

Se creó un nuevo instrumento de gobierno: el *gonfaloniero* (una especie de "ombusman") de Justicia, encargado de mantener el orden, que ahora ya no iba a depender de los priores. Bien al contrario, el gonfaloniero vigilaría a los priores, viviría en sus palacios y no se separaría de ellos ni de día ni de noche; su función era el hacer las veces de "conciencia pública", disponiendo de una milicia de mil hombres, a quienes se llamaba "infantes de la justicia", y que eran su principal recurso para mantener el orden. También se reforzaron las medidas de represión contra los nobles, de manera que aquel que causaba daño a un hombre del pueblo se le castigaba con una pena seis o siete veces más dura que si el perjuicio hubiera provenido de otra parte. Mediante esas medidas se fortalecía el sentimiento de dignidad social y al mismo tiempo se pretendía equilibrar las fuerzas sociales, restando a los "notables" la prepotencia de que antes hacían gala, y sobre todo su impunidad. El cargo de gonfaloniero es un antecedente de la función política de cuidado de los derechos humanos, tal como ahora se concibe, aunque en este caso se ejercía la función con atribuciones jurídicas o de mando, por lo que fácilmente degeneraba en una nueva forma de represión y dictadura.

Los periódicos movimientos de reivindicación social de las clases menos favorecidas beneficiaban en especial a las artes menores, es decir, el pequeño comercio, la pequeña industria y la pequeña burguesía. Como era de esperar, los "menores" llegados al poder hacían valer sus prerrogati-

En la ilustración principal, al fondo de la arcada, se ve el centro de Florencia. Durante más de siglo y medio, fue un ferviente centro de la corriente humanista.

vas en contra el alto comercio y la gran banca, para arrebatarles sus privilegios y su influencia; siendo representantes de la "pequeña burguesía" no se preocupaban demasiado de mejorar la condición económica del verdadero proletariado. A medida que se desarrollaba la industria, ya fuera por medio de la multiplicación de pequeños talleres o por el nacimiento de la gran industria, los salarios y cargas de trabajo se presentaban como desfavorables. El obrero que se endeudaba pasaba a la condición de siervo, y como la mano de obra era abundante y considerable el número de fábricas, los patronos se ponían de acuerdo para mantener los salarios bastante bajos.

3

Los caminos de la democracia

E n 1378 se produjo un movimiento social de gran envergadura, el llamado "tumulto de los Ciompi", que fue la consecuencia inevitable de la evolución política que se inició con la guerra de los "mayores" contra los "menores". Los obreros se habían alistado en las filas de los menores y habían combatido a su favor, pero no habían recibido pago alguno por sus servicios. Se habían comprometido tanto, participando incluso en los desórdenes callejeros, por medio de ejecuciones sumarias, masacres, pillajes, incendios y violaciones, que tenían razones para temer la venganza del partido vencido si éste recuperaba el poder. Fue así como resolvieron tomar la iniciativa y llevar a cabo una revolución radical que habría de otorgar el poder directamente al proletariado. Una ingente asamblea formada por los obreros de la lana, batidores, peinadores, lavadores y tintoreros, decidió que estaban muy mal pagados y que su participación en el gobierno de la ciudad no era suficiente. El gobierno, informado de sus proyectos, detuvo a los cabecillas, pero el pueblo se sublevó y quemó las casas de los nobles, apoderándose del palacio público, donde el jefe de los cardadores, Michele de Lando, entró como vencedor.

Sucedió entonces, como el mismo Maquiavelo refiere, que al mismo tiempo que los Ciompi satisficieron sus venganzas personales, otorgaron el título de caballeros a ciertos ciudadanos que no pertenecían al proletariado, puesto que entre los sesenta y cuatro nombres "ennoblecidos" por la revuelta popular encontramos a un Strozzi, un Alberti y un Medici, es decir, representantes de la gran burguesía a quienes la revolución pretendía exterminar. Cabe preguntar entonces si, junto a esta revolución, en esencia popular, no hubo otra, paralela, que se sirvió de ella para favorecer a un determinado clan burgués en detrimento de otro; si los Medici, en fin, no aprovecharon el caos para deshacerse de algunos de sus competidores, los Albizzi, por ejemplo, que antes de aquella revuelta habían sido los amos de Florencia.

En aquella época, los negocios de la familia Medici eran insignificantes en comparación con los de la poderosa casa Albizzi. Los Medici vieron aumentar su prosperidad en forma considerable a partir del momento en que los Ciompi hicieron caer la banca rival, y cuando el cabeza de familia, Salvestro, se convirtió en consejero de un monje a quien llamaban "padre José", quien tenía una gran influencia sobre Michele de Lando. Este honor singular, y un poco comprometedor a juicio de los de su clase, le valió atravesar el "tumulto" sin perjuicio y ejercer una influencia considerable sobre el gobierno proletario, que conservó el poder durante tres años; por otra parte, y además del referido título de caballero, el cardador Michele le concedió a la familia una importante ventaja pecuniaria: la renta de todos los comercios que flanqueaban el famoso *Ponte Vecchio*, desde entonces especializado en el comercio de joyas.

Los Ciompi permanecieron en el gobierno hasta 1381, cuando ya se habían hecho lo suficientemente impopulares como para que sus estrategias de conservación del poder tuvieran posibilidades de triunfar. La acción en contra del gobierno populista fue mucho más lejos de lo que cabía prever, puesto que echó del poder a los representantes de las artes menores al mismo tiempo que a los obreros, pretendiendo que era culpa de los artesanos el que los demás trabajadores se hubieran sublevado. Por consiguiente, la autoridad pasó a manos de las artes mayores, esto es, de los grandes burgueses, en detrimento de los pequeños, los cuales sólo obtuvieron posiciones irrelevantes. Se desterró a Salvestro de Medici por considerarlo instigador de la conjura, junto con Michele de Lando. La familia Medici prefirió entonces refugiarse en la oscuridad y no participar en política, por lo menos durante el tiempo que fuese necesario para recuperar sus posiciones de influencia con base en la acumulación de capital. Fue el nuevo jefe de la familia, Averardo Bicci, quien mantuvo la línea de no distraer su principal objetivo, que era el económico, con las vicisitudes de la política. Averardo comprendió que el principal recurso para dominar era la riqueza, él prefería el poder que dura, el que no depende del voto del pueblo o del favor de las asambleas públicas. El dinero se iba convirtiendo en el paradigma del poder, por encima de las pasiones políticas, y los Medici fueron los primeros en comprender ese fenómeno; eso fue lo que finalmente los condujo al ejercicio del gobierno más sólido que hubiese tenido Florencia.

4

La época de los Medici

En el máximo apogeo de la riqueza y poder de los Medici, y ya con el joven Lorenzo, "el Magnífico", a la cabeza de la familia, nació Niccoló di Bernardo dei Machiavelli, en una casa del barrio de Santa Felicita, junto al Arno, a medio camino entre el palacio de los Pitti y el Ponte Vecchio.

La familia de Niccoló tenía una cierta alcurnia en la región de Monterspertoli, de tradición güelfa, lo que si bien les valió el honor, también les acarreó el inconveniente del ser desterrados a finales del siglo XIII. Los Machiavelli sólo permanecieron en el destierro trece años, hasta que obtuvieron el perdón y regresaron a la ciudad de Florencia, donde se dedicaron a la administración pública, aunque, como ya se ha dicho, en niveles subalternos. Toscanos de fina cepa, eran de mente aguda y de mirada lúcida; se dice que amaban con pasión a su ciudad y la servían con devoción.

Desde la proscripción de 1267, dos siglos antes del nacimiento de Nicolás, la familia se había mantenido a niveles modestos en la burocracia, copiando decretos o alineando cifras; bastante escépticos respecto de las distintas constituciones que se sucedían, acostumbrados a la arbitrariedad de los vencedores y los excesos de las facciones, los Machiavelli rechazaban comprometerse con los partidos extremistas. Eran moderados por esencia, gracias a lo cual no perdieron sus empleos cuando alguna revolución trastocaba los equipos de la cancillería florentina.

No era un oficio para enriquecerse, pero se sentían queridos por sus conciudadanos y tenían la ilusión de participar en la dirección de los negocios del Estado. Por lo visto, la familia no albergaba ambiciones difíciles de satisfacer una de las principales pautas de la familia: la cultura libresca, tal vez creada o fomentada por Bartolomea Nelli, de quien se dice que escribía versos. Ella era de elevado linaje, a pesar de lo cual consintió en casarse con Bernardo de Machiavelli, siendo ellos los progenitores de quien llegaría a ser uno de los personajes más conocidos de la historia universal, a causa de obras que, ciertamente, antagonizan con lo que fuera su apacible condición familiar.

Sin embargo, Nicolás no era un niño retraído, muchas veces prefería la calle a los libros, donde encontraba fácilmente la diversión que necesitaba. De esta manera desarrolló las dotes de gran observador de la conducta humana que se convirtió en una de sus principales herramientas para el trabajo filosófico y político que lo haría famoso.

Al terminar sus estudios formales, que no fueron muy extensos, debido a la condición social de los padres, el joven Nicolás se dedicó a una especie de "vagancia ilustrada", siguiendo con sus lecturas y con un proyecto de formación propia, seguramente con un programa muy personal y subjetivo, pero evidentemente eficaz para darle los conocimientos que necesitaba en virtud de algo que tal vez no tenía del todo consciente, pero que podía intuir.

Puesto que no deseaba ser una carga para los suyos, para ganarse la vida realizaba algunos trabajos que le produjeran alguna remuneración, como traducciones o copias, lo que le permitía sacarle la vuelta a la burocracia y conservar su libertad.

Al correr del tiempo, cuando escribiera la historia de Florencia, al reseñar ese año de 1469, que es el de su nacimiento, Maquiavelo habría de resumir la situación general del país con expresiones optimistas, si tenemos en cuenta la época y sus agitaciones: *Italia estaba bastante tranquila, la principal ocupación de los príncipes era observarse mutuamente y asegurar su poder por medio de ligas y alianzas nuevas.* Sin embargo, en realidad era algo insólito el gozar de un periodo de paz y tranquilidad en aquella Italia dividida, disgregada en una multiplicidad de repúblicas y principados, agitada por incesantes guerras que ahora llamaríamos de "baja intensidad", pero que mantenían un estado de tensión permanente. Se luchaba por la posesión de un castillo, una colina o un puente, o simplemente por el placer de luchar. En cuanto se definía un cierto equilibrio entre dos Estados, una nueva guerra volvía a cuestionarlo todo.

Se amaba la guerra porque respondía a los instintos violentos de aquel pueblo y de aquel siglo; el individuo civilizado, sometido a las leyes en tiempo ordinario, encontraba entonces la ocasión de liberar sus tendencias profundas, su gusto salvaje por matar y destruir. La guerra en sí misma daba poder. El soldado lograba el botín y el afortunado oficial tal vez conquistaba provincias, se apropiaba de los ducados y tenía descendencia de príncipes. La guerra era una empresa lucrativa, tanto como el comercio o la industria. Los torpes se arruinaban, los débiles perdían la vida, los hábiles y los fuertes se enriquecían. Sin embargo, todo eso era parte de ese mundo lúdico, la vida hubiese carecido de encanto de no haber existido todas aquellas oportunidades de batalla, todo aquel desorden que permitía a los audaces probar fortuna. Una Italia unida, uniforme, hubiera sido más que aburrida, en extremo disciplinada y articulada; no habría habido lugar para el capricho en un mecanismo demasiado organizado y minucioso.

La vida política en Italia, dominada por el gusto por la anarquía y la costumbre del desorden desde que se había deshecho de los emperadores alemanes y de los reyes angevinos, se había polarizado alrededor de algunos grandes Estados que arrastraban a un conjunto de pequeñas repúblicas y minúsculos principados. Un juego complicado de alianzas —que, por otro lado, no debía nada a la estructura sutil del feudalismo, que nunca pudo arraigar por completo en Italia— asociaba de forma temporal, en derredor de un soberano más poderoso que los otros, a algunos pequeños monarcas que encontraban ventajoso seguir su fortuna. Esas asociaciones eran estrictamente utilitarias y no duraban mucho tiempo. El deseo de vengarse de un enemigo con el que uno solo no podía acabar o la codicia de un territorio del que se era incapaz de apoderarse mediante la propia fuerza, justificaban esas precarias alianzas. Había también algunos señores, apasionados por la tradición de las armas, que se procuraban un medio de subsistencia mediante algo que sus ancestros habían considerado simple diversión o satisfacción del amor propio, convirtiéndose en mercenarios al mejor postor.

La antigua nobleza, excluida de la vida comunal, en lugar de agriarse en la soledad rural y sumirse en la pobreza, prefería esta profesión honorable y lucrativa que le procuraba, además del beneficio económico, los rudos placeres que sus ancestros saboreaban de forma gratuita. Algunos, como los señores Della Mirandola, por ejemplo, en cuya familia, por azar paradójico, nació Pico della Mirandola, convertido en uno de los más elevados exponentes del humanismo renacentista, a pesar de que el modus vivendi de su familia era precisamente la guerra.

A estos guerreros de profesión se les llamó *condottieri*. No eran aventureros en un sentido estricto, puesto que no buscaban la aventura por sí misma, sino que eran profesionales de ella, lo que les resta el romanticismo que se atribuye al aventurero. Estos condotieros tenían incluso servicios de especialidad: los gascones eran famosos por su disposición, los suizos por su lealtad, los albaneses por su furia implacable.

La guerra, entonces, se convirtió en un negocio como cualquier otro, buscándose ante todo la eficiencia en la acción; se cuidaba del material y de los hombres, puesto que todo entraba en la contabilidad de la empresa como "costos" y de lo que se trataba era de presentar un balance "superavitario" al final del "ejercicio", es decir, de la guerra. En estas condiciones, el heroísmo estaba fuera de lugar.

El "condotiero" era, pues, un producto de la civilización y de la política italiana, y también una necesidad, ya que los pequeños Estados no tenían los recursos para mantener ejércitos permanentes. Por su parte, los grandes Estados no estaban interesados en crear ejércitos demasiado costosos, tanto de manera directa como indirecta, pues el costo de un soldado no era solamente su paga, sino el hecho de que era un hombre joven y fuerte que era retirado del campo o del taller, con la consecuente baja de producción.

A medida que la técnica de la guerra se hacía más sofisticada, la elección de buenos condotieros resultaba más difícil y era cada vez menor el número de especialistas y expertos en este arte, por lo que la profesión, que antes era un privilegio de los nobles, tuvo que abrirse a la participación de los más eficaces, quienes podían provenir de cualquier clase social.

En este desarrollo bélico, era natural que algunos condotieros sobresalieran por su eficiencia, y por supuesto muchos de ellos caían en la tentación de tomar el poder de las tierras conquistadas a nombre propio, haciendo a un lado a sus contratantes para asumir ellos el gobierno, particularmente en principados menores, como Perugia, Ferrara, Urbino, Mantua, Faenza y Forlí, que durante largos periodos fueron gobernados por condotieros, quienes, además de ejercer el poder político, seguían practicando el arte de la guerra, con objeto no sólo de defender los territorios conquistados, sino de incorporar otros feudos. Los Estados mayores, como Venecia o Florencia eran verdaderas islas en un mar en continua agitación y estaban obligados, por su organización política, por su extensión, por su importancia económica y por sus relaciones con Estados extranjeros, a jugar el papel de árbitros en aquel remolino confuso de pequeñas repúblicas o principados. En esta dinámica, los grandes Estados aspiraban, de una manera más o menos abierta, a ejercer una influencia cada vez mayor, con la finalidad de llegar a detentar la hegemonía de toda Italia; las repúblicas comerciantes, como Florencia y Venecia, ponían en marcha su gran desarrollo comercial y bancario, mientras que Milán era motivado por la gran ambición de los Sforza; Nápoles se apoyaba en la corona de Aragón y Roma en la autoridad del papa y sus relaciones con los Estados extranjeros.

En teoría, Roma debería haberse convertido en la potencia unificadora de Italia —e incluso de toda Europa—; durante la Edad Media, los pueblos esperaban que Roma recuperase la capacidad unificadora que había tenido el Imperio, y estuvo cerca de conseguirlo durante los conflictos con los emperadores alemanes. Posteriormente, el espíritu particularista que se fue desarrollando en Italia paralizó todos sus esfuerzos, convirtiéndose, en la práctica en una entidad política similar a las demás de la región, jugando el mismo juego y con las mismas reglas.

Mucho más poderoso era el reino de Nápoles, quien había caído en manos de Aragón tras la caída de los angevinos. Desde el día en que Alfonso II, de Aragón, venció a las fuerzas de la Santa Sede y tomó la ciudad, la región quedó bajo su mando y Nápoles se constituyó en una pieza muy importante en el juego del poder en Italia.

Si bien Nápoles era gobernado desde el extranjero, Milán sufría la dictadura de Ludovico Sforza, a quien llamaban "El Moro", debido a su tez morena. Frente a esas ciudades oprimidas, en las que no se tomaba en cuenta los derechos populares, Venecia y Florencia eran estados liberales y democráticos, habiendo adoptado desde tiempo atrás el régimen republicano. Por lo que respecta a Florencia, hemos visto que los poderes del dinero había establecido en la época en que nació Maquiavelo una verdadera

Lorenzo de Médici. El príncipe o el gobernante, tiene como misión la felicidad de sus súbditos y para conseguirla tendrá que recurrir a la astucia, al engaño y, si es necesario, a la crueldad.

nobleza, aunque se trataba de monarcas sin corona, el control de la economía les daba un poder "de facto" que no podía ser cuestionado sino por la fuerza de las armas. En los tiempos de Maquiavelo, los Medici eran tan poderosos que incluso se había establecido el principio de transmisión del poder por herencia, como entre los aristócratas, lo que contaba con el consentimiento tácito de los ciudadanos.

En estas circunstancias, no había en Italia ningún Estado capaz de armonizar las diferentes fuerzas, y lo suficientemente desarrollado políticamente como para imponer un sistema unificador. El joven Maquiavelo podía escudriñar a su alrededor, impaciente por descubrir la forma de gobierno ideal, pero al parecer no era posible encontrarla entre los extremos de la democracia o la tiranía, y mucho menos en la división del país en una multitud de Estados relativamente independientes. Las convicciones políticas de Maquiavelo se estaban formando en el estudio de los clásicos de la filosofía política y es de suponerse que en la ob-

33

servación de su realidad no había nada que pareciera prometedor; sin embargo había algo de qué asirse, pues si Italia era un caos, la tendencia natural de aquella confusión entre los pueblos era el avance hacia el cosmos, hacia el orden.

En Maquiavelo pudiéramos identificar dos áreas de vivencia y conocimiento, por un lado se apasionaba por el espectáculo de los acontecimientos, mismos que sometía constantemente a la comparación histórica con el fin de comprenderlos; era, por esencia, el testigo de su tiempo, el crítico de los hombres y de los hechos que eran objeto de su reflexión sistemática. Él no podía ser otra cosa que un intelectual, y por tanto su posición era la pasividad; pero había otra área en su personalidad que reivindicaba con insistencia el derecho a la acción. Él no se involucraba directamente en la política, como verdadero filósofo no podía entregarse a la política como un oficio, pues de esa manera se hubiese lesionado su objetividad.

Sin embargo, Maquiavelo fue siempre un hombre de fuerte arraigo nacionalista, un verdadero patriota florentino que seguía la visión de Dante, Petrarca y Cola di Rienzo, quienes habían cantado a Florencia no como una patria aislada, sino como la cuna de una Italia unificada, tal vez soñando con la restauración del imperio romano, del que eran descendientes, esta línea de experimentar la patria fue el cimiento de la sensibilidad de Maquiavelo, como si la patria "chica" fuese en realidad el modelo o paradigma de la patria grande, cuyo nacimiento y futura evolución era el propósito último de su pensamiento. Así que no era solamente el bienestar de Florencia lo que habría de motivarlo, sino la finalidad trascendente de la unificación de Italia.

¿Qué Estado podía llevar a término aquella unidad?... Ninguno de los papas de Roma parecía ocuparse de tal propósito... Tal vez un caudillo fuerte, como Ludovico el Moro, quien sí aspiraba a la hegemonía, pero a él lo movía su propia ambición, no el interés de Italia. Nápoles, dominada por los aragoneses, carecía tanto de la fuerza como de la moral para tal empeño. Florencia parecía reunir los requisitos para comandar la empresa, pero la obsesión por los negocios y las pugnas internas la hacían inadecuada. El gobierno de Florencia había dado muestras de que la dictadura del pueblo era tan sanguinaria e injusta como el más abominable tirano.

5

El nacimiento de la ciencia política

¿**L**as instituciones valen lo que valen los hombres? o, por el contrario, ¿a los hombres los moldea el go bierno que ellos se procuran?... si éste fuera el caso, ¿cuál es teórica, moral y prácticamente, la mejor forma de gobierno? Y si la excelencia práctica y la excelencia moral no coinciden, ¿cuál es preferible?

Como cualquier hombre joven, sobre todo si desconfía de las ideas estereotipadas y no admite más verdad que la que él mismo ha reconocido y probado, Maquiavelo no pretendió resolver semejantes problemas de manera inmediatista y mucho menos por la vía de la acción, pues sobre todas las cosas él valoraba su libertad de pensamiento, al margen de consignas faccionarias, por lo que nunca permitió que se le identificara con un Partido o grupo político.

El pensamiento político de Maquiavelo tuvo una enorme influencia desde su gestación, y en la posteridad; de hecho, constituye una de las bases de la reflexión moderna sobre las relaciones humanas cuyo centro es el ejercicio del poder, a pesar de que, desde el punto de vista de los modernos pensadores, hace falta considerar el elemento económico, que es, sin duda, condicionante de la política.

La fuente clásica de la que abreva Maquiavelo consideraba a la sociedad como una extensión natural del ser humano, por lo que se toma como paradigma la organización de la naturaleza; el hombre puede conocer esa estructura y determinar las leyes que configuran su dinámica, pero en nada puede alterar esos fenómenos, pues sería como romper el orden cosmológico. En la Edad Media, la sociedad y la historia se contemplan como elementos integrantes de un gran plan o proyecto divino, al que el hombre debe apegarse incondicionalmente, e incluso irreflexivamente, pues nadie puede conocer, y mucho menos cuestionar, el *logos* del universo, que es la voluntad de Dios.

En el Renacimiento se adopta un nuevo punto de vista, que si bien retoma los patrones de pensamiento clásico, en lo referente a la posibilidad de conocer el orden natural y social, hace una marcada distinción entre la naturaleza y el orden creado por el hombre, esto es, la cultura. La noción de cultura es esencialmente renacentista y representa una propuesta radicalmente original, en tanto que todo quehacer humano es ahora visto como "artificial", como el efecto del "artificio", del hacer humano, de la voluntad aplicada a la modificación, e incluso creación, de los hechos sociales. La sociedad y la política aparecen entonces como un producto de la cultura, así, el hombre puede modelar los hechos sociales de acuerdo a sus necesidades, siendo la política un "artificio", como cualquier otro producto cultural. No es ya un fenómeno natural, ni tampoco la manifestación de la voluntad divina, sino el fruto de las aspiraciones, del trabajo y de las pasiones humanas. Visto ya como un ser cultural, se le debe tratar como una entidad, más apegada a la noción de "persona humana" que a la de fenómeno de la naturaleza. A esta nueva entidad se le da el nombre de *Estado*, lo que connota un "momento" de un proceso social, o una forma de existencia de la realidad, tal como se habla de los "estados" de la materia. Maquiavelo es uno de los creadores de ese concepto, para significar un proceso de la realidad humana que había existido siempre, pero que ahora es asumido con un hecho susceptible de ser conocido y manipulado, como cualquier fenómeno de la realidad.

En esta perspectiva, el pensamiento pude tomar al Estado como objeto de estudio, de manera que se considera no sólo posible, sino necesario establecer formas de reflexión acerca de la política, con objeto de enseñar a los hombres a fabricar y manejar con mayores garantías de éxito a esa entidad que fija y ordena las relaciones sociales. Conociendo las limitaciones y los obstáculos a que se enfrenta la acción humana, estableciendo claramente los fines de la actividad pública, y arbitrando los medios más adecuados para conseguirlos con el auxilio del análisis racional y de la experiencia práctica, la política ya no será hija del confuso mestizaje entre principios generales y voluntarismo privado, sino que se convertirá en una ciencia objetiva y aplicada, sistemática y eficaz, que permita aprender unas técnicas específicas para dominar y controlar el objeto de estudio con un mínimo de error y sin desperdiciar energías.

Esta ciencia es independiente de otras disciplinas; la actividad social persigue el bien común y este bien común se logra a través de un Estado fuerte y bien organizado, equilibrado en sus tensiones sociales y libres. Por tal motivo, la ciencia política debe ocuparse de arbitrar los medios más apropiados para llegar a ese fin, y hacerlo de manera autónoma, sin tener en cuenta la opinión de otras formas de conocimiento, cuyos objetos de estudio pudieran ser paralelos, pero diferentes.

En el Renacimiento, resultó particularmente inquietante que la política se independizara de la moral, tanto en un sentido filosófico como práctico. Un acto, entonces, será conveniente, benéfico o perjudicial en virtud del interés supremo de mantener la estabilidad del Estado. Al político no le debe interesar el valor moral de ese acto, y mucho menos su significado religioso. Matar a un dictador es algo que puede ser o no útil para el Estado, y el político debe establecer en qué circunstancias pudiera resultar conveniente, y en ese caso, qué estrategia es la más segura para llevar a cabo esa acción. El asesinato no se sujeta al criterio moral, para el político es un hecho de relaciones de poder y puede ser considerado con toda naturalidad, pues se trata solamente de un dato en un proceso de conocimiento y acción.

La nueva ciencia política declara su indiferencia moral del mismo modo y por los mismos motivos que se abstiene de dar su opinión en materias como la química o las matemáticas. La ruptura con el universo mental de la Edad Media se plasma en esa secularización de la vida social, donde comienzan a funcionar valores de nuevo cuño, como el éxito, la eficiencia o el bienestar, valores que se han gestado en la dinámica de la vida en la ciudad y que, a partir de entonces, serán las señas de identidad de una burguesía en ascenso.

Para que un político pueda poner en práctica sus planes, debe vencer una serie de limitaciones, delante al futuro, ser previsor, flexible, con buenos reflejos para darse cuenta de las coyunturas y manejarlas con acierto. Esto no es fácil, porque no sólo se necesita conocimiento, sino intuición y experiencia, y la vida del hombre es muy corta para permitir que se llegue a dominar el arte de la política a partir de la experiencia propia. Como la mayoría de los pensadores del Renacimiento, Maquiavelo pone su atención en el conocimiento de la historia, lo que se concibe como una formidable extensión de la experiencia personal. Quien posee el conocimiento histórico cuenta con un gran apoyo para construir el futuro y comprender el presente. Maquiavelo descubre que la historia es una eficaz herramienta para configurar la vida comunitaria, si sabemos analizar la historia críticamente, es posible determinar las causas objetivas de los hechos, además de las pautas que tienden a repetirse ante las mismas circunstancias, de manera que en la política no es necesario ni conveniente funcionar a base de "ensayo y error", dado que se cuenta con un bagaje de conocimientos de los que se pueden deducir principios, teorías o incluso leyes, como en las ciencias naturales.

Para que el modelo histórico sea provechoso para la acción, es necesario partir de la creencia de que la naturaleza humana permanece, en lo esencial, idéntica; con base en este presupuesto, se garantiza que lo aprendido en el pasado pueda tener aplicación práctica para el futuro. Maquiavelo estudia la historia desde la radical creencia de que la naturaleza humana es invariable, por lo que si se recrean las mismas circunstancias de otras épocas, se tendrán que conseguir los mismos efectos, lo que lo lleva a concebir la posibilidad de restablecer la unidad de Italia por medios similares a los que produjeron la grandeza del imperio romano. Así lo advierte a sus contemporáneos: *Que nadie desespere de conseguir lo que otros han logrado, porque los hombres nacen, viven y mueren siempre del mismo modo.*

Con fundamento en esa creencia, Maquiavelo, con los ojos siempre puestos en el presente y, sobre todo, en el mañana, se inclina sobre los clásicos con una mirada ávida, para escudriñar los secretos de su grandeza y proponer una línea de acción que tenga un alto grado de probabilidad de éxito.

Leyendo la historia, él observa que, por lo general, los Estados se organizan primero bajo la forma de una monarquía. Es un ser individual, una especie de legislador sabio, quien funda las naciones y les da leyes; pero, como la monarquía es hereditaria, los sucesores suelen desmerecer del fundador, y los grandes se ponen de acuerdo para alzarse y destruirlo, instaurando una forma de gobierno oligárquica o aristocrática; los nobles, de por sí orgullosos, hacen que su arrogancia resulte insoportable cuando son dueños del poder; sus abusos incitan a los pueblos a tomar las armas, derrocar a los tiranos y dar paso a una etapa democrática. En la democracia suelen ser frecuentes las alteraciones, falta un ejercicio enérgico de la autoridad, y la libertad degenera en un desenfreno, lo que es aprovechado por alguien, más audaz o ambicioso, o más amante de su patria que los demás, para tomar la dirección del Estado y fundar una nueva dinastía monárquica. Un pueblo podría fijarse durante mucho tiempo en la repetición de esta pauta si no fuera porque las naciones vecinas suelen aprovechar algunas de sus épocas de crisis para conquistarlo.

La causa de la inestabilidad de estas formas de gobierno no se encuentra sólo en la imperfección de la naturaleza humana, sino también en el hecho de que no existen esquemas puros y la práctica política requiere de la suficiente flexibilidad para ser eficaz. Según Maquiavelo, la organización más perfecta y más estable de gobierno es la república mixta, que sintetiza elementos de la monarquía, la aristocracia y la democracia. Un poder popular, pero con la única cabeza visible que, aunque elegida, lo sea por un largo periodo de tiempo y con amplios poderes, aunque su autoridad se vea frenada por un organismo consultivo, integrado por los ciudadanos más poderosos y mejor preparados. Esta forma de gobierno canaliza la participación de todos los estamentos sociales, y por lo tanto, disminuye los riesgos de los abusos, previene los tumultos y alteraciones y facilita que la libertad se conserve celosamente, pero sin degenerar en anarquía. Se sale así del círculo de gobiernos *fluctuando alternativamente entre el despotismo y la relajación.* De esta manera, el Estado cumple lo que indica su nombre: la estabilidad; se mantiene unido, se hace cada día más fuerte y podrá ser más duradero.

Las instituciones deben procurar que la república, así ordenada, se mantenga a salvo de la corrupción, mediante una legislación adecuada, un ejercicio del poder firme, pero flexible, y una educación de los ciudadanos en el amor a la patria y a la libertad. También es muy importante que sean los propios ciudadanos los que defiendan a su patria con la fuerza de las armas, y por eso Maquiavelo dedicó muchas páginas a la necesidad de crear ejércitos nacionales; los mercenarios le parecen signo seguro de la ruina de una república, no sólo porque cuestan dinero, sino porque, al luchar por causas que no les conciernen, su valor y su disposición son imperfectos, además de que siendo objeto de comercialización, es fácil que decidan cambiar de bando si se les ofrece una mejor paga.

Por otro lado, el ejército nacional garantiza la independencia de la república, mantiene a los ciudadanos sanos, adiestrados en las artes marciales y por tanto alejados de la apatía; hace realistas a los gobernantes, quienes aprenden a contar sólo con sus propias fuerzas, consiguiendo que la nación sea respetada entre sus vecinas. Además, como los soldados son parte del Estado, lucharán por los intereses de su patria común, combatiendo con valentía y eficacia, sin pensar en una traición, pues eso sería tanto como atacarse a sí mismos. Por último, un ejército nacional no puede convertirse fácilmente en instrumento para ambiciones privadas, como sucede por los mercenarios, y es, pues, un firme apoyo de la libertad común.

Una república bien organizada es responsabilidad de todos; sin embargo, en etapas cruciales de su existencia, como su fundación, un grave peligro por la invasión de un poderoso enemigo, una emergencia catastrófica, o tal vez la urgencia por reformar al Estado, sea porque se ha llegado a un alto grado de corrupción, o porque sus instituciones se han vuelto obsoletas, es preferible dejar las riendas del gobierno en manos de un solo hombre; aunque lo ideal es que esté previsto también retornar al patrón de las formas mixtas tan pronto como el estado de los asuntos públicos lo haga posible.

A veces, una constitución especialmente rígida y unas condiciones de aislamiento geográfico o de pobreza del suelo aconsejan que la república se mantenga en su primer estadio de su evolución, sin conquistar nuevos territorios ni aumentar el número de sus ciudadanos, pero estas condiciones especiales son muy raras; no es normal que una cosa pueda conservarse por mucho tiempo en su identidad original. La naturaleza no se detiene nunca e, igualmente, *las cosas humanas están siempre en movimiento, o se remontan o descienden.* De manera que si un Estado no quiere declinar, es necesario que se encuentre siempre en crecimiento, y las instituciones deben estar preparadas para encauzar esa dilatación constante. La ciencia política se desarrolla, pues, en tres fases: adquirir, conservar y aumentar; si falla la tercera, las otras se desmoronan.

Dado que los Estados crecen mediante el conflicto con otros, el arte de la guerra es parte fundamental de la educación del político y de su práctica cotidiana, y volvemos así a percatarnos de la necesidad de un ejército nacional, lo que es una versión moderna de esquemas antiguos, pero que, en los tiempos de Maquiavelo se percibe como una idea novedosa.

El conflicto y la guerra son el nervio de las repúblicas, las engrandecen, las alejan del declive y de la corrupción, es por eso que Maquiavelo desconfía mucho de los gobernantes pacíficos; aunque reconoce que a veces son necesarios para que la nación recobre sus fuerzas, se reorganice y descanse; él piensa que, si se suceden consecutivamente dos de esos gobernantes, la república se precipitará irremediablemente en la ruina total. La paz lleva al ocio, y éste al desorden y a la aniquilación. Según Maquiavelo, las actividades pacíficas no son del todo honestas y deseables, ni siquiera las letras son una ocupación digna de un ciudadano respetable, a no ser que se las haga compatibles con la espada o que, como en su caso, le sirvan de consuelo en la inactividad forzosa. Es por eso que aplaude la decisión de Catón, que prohibió a los filósofos la entrada en Roma, pues, *una vez que las justas y disciplinadas armas han proporcionado victorias, y que las victorias han traído la paz, no hay ocio más aparentemente honesto que el de las letras para debilitar el vigor del espíritu de los guerreros, y con ningún otro engaño más grande y poderoso que éste puede el ocio penetrar en las ciudades bien organizadas.*

Los dos valores centrales del Renacimiento: racionalidad y libertad, se aplican a la visión renacentista de la sociedad y del pensamiento. Autorretrato de Leonardo da Vinci, encarnación del hombre renacentista.

El Estado que sueña Maquiavelo intentará superar los laureles de la antigua Roma, y requiere, para lograr su cometido, no sólo mantenerse sólido, sino también crecer, para lo cual se necesita formar una nueva mentalidad en los hombres, y Maquiavelo siente que es precisamente ésa su misión en la vida, asumiendo la responsabilidad de formar una nueva generación de políticos. Su concepto de gobierno ideal exige que todos participen en la acción política, y por eso piensa que no basta con adiestrar a una clase dirigente, sino que es imprescindible educar al pueblo. La tarea es ardua, sobre todo porque la única que se ha ocupado de aleccionarlo ha sido la Iglesia. La gente común, tiranizada y manejada desde hace siglos, no tiene la menor idea de la realidad de los mecanismos de poder y de lo que significa su despliegue, no sabe cómo funciona el Estado, y sólo puede racionalizar los aconteceres públicos aplicando los únicos conceptos que posee: las ideas políticas y morales aprendidas de la Iglesia; pero esas ideas no sirven en el terreno del pragmatismo político. Maquiavelo trata de inducir la mentalidad de los ciudadanos al terreno de los he-

45

chos tal y como estos son, ofreciéndoles *la educación positiva de quien debe reconocer como necesarios determinados medios, aunque propios de tiranos, porque quiere determinados fines.* Así, Maquiavelo pretende dar lecciones de realismo y autonomía política, lo que se sintetiza en el simple paradigma del logro: buen gobernante es el que tiene éxito y malo el que fracasa.

6

La moral del político

Frente a la *virtud* que la Iglesia pregona como ideal de la conducta humana, Maquiavelo opone una nueva actitud positiva: la *virtú*, que es la cualidad esencial de la persona que asume el rol de ciudadano. Se trata del ejercicio de una mezcla de inteligencia y eficacia, de valor personal y capacidad para conseguir los fines propuestos, de amor a la patria y habilidad en el desempeño de los cargos públicos.

Sólo el ejercicio de esta forma de virtud permite adquirir y conservar el poder, y es esencialmente abierta y flexible, pues, para lograr el objetivo final, es preciso adaptarse a las limitaciones personales y a las circunstancias externas, saber cambiar con la variación de los tiempos, tener recursos para cualquier situación nueva e imprevista, ser capaz de convertir la necesidad en acción, y contar con la suficiente sabiduría y sagacidad para prever el futuro y adelantarse, en lo posible, a él.

Escudriñar el futuro es difícil, y conviene tener una reserva de improvisación y buenos reflejos, pues en los sucesos venideros no sólo intervienen factores que se pueden calcular y contener, con un conocimiento adecuado, sino también otros imprevisibles, porque son hijos del azar, de la fortuna. La fortuna es ciega y caprichosa, y por eso no podemos adelantarnos a ella haciendo uso del análisis racional. A diferencia del orden metafísico que sostiene la Iglesia, en el que se postula un orden racional e intencional que, siendo similar a la manera de pensar y proyectar de los seres humanos, es posible comprender, deducir o adivinar, al menos en sus líneas generales; Maquiavelo dice:

> *La fortuna no tiene ningún objetivo ni designio más allá de mostrar su poder, y mostrarlo de manera maligna; los bienes ocultos que parece traer son obtenidos por los hombres en el acto de superar a la fortuna con el objeto de reducirla a la seguridad de las revoluciones del sol.*

En esta visión del mundo, *virtú* y fortuna mantienen un encarnizado combate por el dominio de los fenómenos humanos; pero Maquiavelo es en esencia optimista respecto del resultado final de esta lucha. Si bien es cierto que, en ocasiones, estrategias calculadas con meticuloso cuidado por hombres de gran mérito se vienen abajo debido a un golpe brutal de la fortuna, es privilegio de la *virtú* el reducir el azar a su mínima expresión.

Para dominar los embates de la ciega fortuna, hay que comportarse como los marineros diestros, que procuran evitar las tempestades pero que, cuando se encuentran en una, no se le enfrentan de proa, sino que se doblegan a ella, adaptando su navegación a la sinuosidad de las olas, por lo que, cediendo a la fuerza de la tormenta, terminan venciéndola. La previsión puede evitar muchas de estas tempestades del azar, pero, cuando pese a todo se producen, hay que ir con los vientos, y de esta manera, lejos de quedar aniquilado, hasta se puede sacar provecho de lo imprevisto. Como demuestra la experiencia acumulada a lo largo de la historia: *Los hombres pueden secundar a la fortuna, pero no oponerse a ella; pueden tejer sus redes, pero no romperlas.* Ése es, quizá, el aspecto más importante de la *virtú*, el saber plegarse pero sin soltar las riendas, lo que conduce, en el plazo largo, al éxito.

7

El monje dictador

pesar de lo que pudiera deducirse de la lectura de sus obras, Maquiavelo era enemigo de todo tipo de imposición, tanto espiritual como física, defendió su independencia a cualquier precio; al precio de la soledad e incluso de la pobreza. Sin embargo, Maquiavelo también fue un hombre dado a los placeres mundanos, no hubiera sido un cabal hombre del Renacimiento si no hubiese perseguido el sueño platónico de la armonía entre el cuerpo y el espíritu, entre el alma y los sentidos.

En cualquier caso, los mayores placeres se los proporcionaba su inteligencia, aquella con la que había acumulado una amplia cultura y una gran capacidad de observación.

Sin embargo, su independencia y postura de simple observador se puso a prueba a lo largo del gobierno represivo de Jerónimo de Savonarola, que era la carta fuerte que jugaba el papa en Florencia, pues Savonarola era uno de los máximos jerarcas del "Santo Oficio", también llamado "Inquisición", que era una especie de policía política creada por el Vaticano, con objeto de inmiscuirse en toda actividad social y económica, con el pretexto de extender la fe cristiana y sancionar las desviaciones o "herejías". Así que en aquellos momentos se vivía un clima de violenta represión en todos los órdenes, incluyendo la cultura; pero la actitud de Savonarola era tan burda y tan poco coherente con el espíritu del Renacimiento que en el fondo todo mundo entendía que no podía durar mucho tiempo, como realmente sucedió.

Resulta difícil imaginar a dos hombres más distintos que Savonarola y Maquiavelo. El primero era un conquistador, y por ello se comprende que resultara interesante para Maquiavelo. Estaba claro que Savonarola ocuparía un lugar en la historia. Desde su llegada a Florencia se intuía que habría de formar parte de esos destinos fuera de serie que tan apasionante resulta encontrar en los libros de historia, y más aún, en la vida real. Al parecer, la personalidad del monje fascinó a Maquiavelo desde el primer momento, como si hubiera descubierto en él dotes de genialidad, o tal vez de santidad.

Para Maquiavelo la santidad se configuraba cada vez que un ideal se llevaba al extremo de lo absoluto, hasta el máximo de la eficacia espiritual, y también, cada vez que una persona realizaba el sacrificio total de su individualidad y la dedicaba a aspiraciones más elevadas. Savonarola no parecía un hombre se su época, lo que lo hacía en extremo interesante y del todo distinto de aquellos humanistas que podían considerarse arquetípicos. Los más superficiales aseguraban que pertenecía a una categoría anticuada, la de los monjes de siglos pasados, la de los predicadores de otros tiempos. Pero Maquiavelo, que lo había escuchado con atención y observado con curiosidad y sin indulgencia, percibía al adusto monje como una fuente de poder que tendía al absolutismo despótico, lo que causaba en él la sensación de fuerza que se identificaba con los valores heroicos del pasado, en un mundo que no había de contentarse con los entusiasmos moderados y los placeres discretos de aquel siglo en que ambos vivían; un mundo que elevaría de nuevo, por encima del oleaje, el navío de la vida, el sentimiento trágico, la angustia agónica, el temor y el culto a la muerte, y la predilección por las vastas inquietudes de las inteligencia; un mundo que, hastiado del equilibrio, se complacería en precipitarse en la desmesura, el desatino y el desorden; un mundo donde lo patético, y no la sabiduría, habría de gobernar las acciones de los hombres; un mundo, en fin, que consciente del drama profundo que alberga toda existencia humana, ya no consentiría en ignorarla, disimularla o disfrazarla, sino que, por el contrario, se esforzaría para experimentarla en toda su plenitud y la expresaría mediante sus formas más evidentes y sorprendentes.

Savonarola practicaba una especie de terrorismo psicológico, parecía un vidente que anunciaba toda clase de calamidades, buscado despertar en las almas de los ciudadanos aquella fiebre sombría de la Edad Media, cuando las gentes pensaban en su alma antes que en sus placeres. Le hubiese gustado regresar a esa humanidad al crisol, como una estatua defectuosa que se devuelve a la fundición.

Sin embargo, la diferencia radical entre Maquiavelo y Savonarola se debe plantear en los fines y no en los medios; la imposición de los valores del monje no podría pensarse como un medio para lograr fines ulteriores, sino como el ejercicio de la "virtud" en sí misma, y no de esa especie de flexibilidad histórica que Maquiavelo llama la "virtú" y que no es sino el medio, la estrategia para el fin último de la política partidista, que es lograr la fijación de una entidad política amplia, vigorosa y humanista, una verdadera nación, y no una entelequia religiosa.

No se debe soslayar el hecho de que en esos candentes días de Florencia, Nicolás hubiese entrado en la administración del Estado, al contar su padre con la amistad de Bartolomé Scala. Es seguro que el 18 de febrero de 1498 fue propuesto para la elección del "segundo secretario", de la segunda Cancillería de la Comuna, siendo derrotado por el candidato del partido de Savonarola. Pero la caída del fraile, en junio de ese mismo año y tras una profunda depuración realizada por los nuevos señores, concurrió, no ya para el cargo que había pretendido en febrero, sino para otro, mucho más importante, el de Canciller, resultando vencedor en las urnas, lo que sigue siendo parte de esa curiosa ambivalencia que se produjo en la mentalidad política de ese periodo.

El ministerio que debía dirigir ahora, bajo el control político de los Señores y de los Colegios (las magistraturas supremas de la Comuna) era el de los asuntos internos de gobierno; pero poco después su autoridad se extendió, agregando el cargo de secretario de los "Diez de libertad y paz", magistratura que tenía entre sus prerrogativas las relaciones diplomáticas con las potencias extranjeras, así como organizar compañías de mercenarios y mantener el control político-militar sobre las tropas asoldadas, por medio de comisarios propios.

Más tarde se le agregaría una nueva función, la de secretario de los "Nueve de la milicia", que era una magistratura militar, lo que lo convertiría en el hombre más importante de la administración del Estado florentino. En 1501 contrae matrimonio con Marietta Corsini, con la que tuvo seis hijos y a la que trató siempre con afectuosa ternura, aunque se dice que fue proclive a las aventuras amorosas, lo que no era digno de extrañeza en esa época.

8

La restauración de la república

La mayoría que nombró a Nicolás Maquiavelo —entonces de veintinueve años—, canciller de la Segunda Cancillería, había llegado al poder a través de la lucha armada que concluyó con el asalto del convento de San Marcos, la tarde del 8 de abril, y después con la quema de fray Jerónimo y dos de sus compañeros, en la plaza de la Señoría, el 23 de mayo de 1498, terminando así el dominio popular de los "frailones" o "llorones", instaurado cuatro años antes sobre las ruinas de la casa de los Medici. Este movimiento había estado compuesto por una mayoría híbrida, tanto de nobles como del "popolo grosso", unidos sólo por la aversión a la tiranía que ejercía la "secta del fraile". Habían sido cuatro años de demagogia política, que había acabado por aislar completamente a Florencia, empujándola cada vez más a una sublevación respecto de Francia en lo referente a la política exterior, y en los asuntos internos había llevado a la parálisis a la administración pública, así como a la pérdida de una buena parte del dominio. Los cuatro años siguientes, desde la muerte del monje hasta la reforma de 1502, estarán consagrados a la búsqueda, a ratos dramática, de una nueva forma de organización político-constitucional que hiciese posible el funcionamiento del aparato estatal.

Cuando se analizan las luchas políticas de esos tiempos, es necesario prestar mucha atención en no atribuir a las fuerzas enfrentadas en esos choques, definiciones de la geografía política de nuestra época. La vida de las ciudades-Estado se estructuraba básicamente sobre relaciones familiares, por "consortería", con una estratificación vertical de diversos grados de "parentesco" político, por encima de la estratificación horizontal, por clases, rangos y corporaciones. Por eso, si se presentase la política de los partidarios de Savonarola —como se ha hecho con frecuencia— como una política "popular" o "democrática", oponiéndola a la oligarquía aristocrática, se caería en un esquematismo improcedente con los patrones de la época. Basta mirar las firmas del pliego petitorio al papa Alejandro VI para darse cuenta de la arbitrariedad del esquema: los firmantes no pertenecían a los sectores populares, ni ricos ni pobres, y sin embargo estaban entre los dirigentes del partido de Savonarola. Y respecto a lo "democrático" de su política, es útil recordar que la ampliación del poder político propugnada por ellos no iba más allá del restringido círculo de los "ciudadanos", es decir, no afectaba a más de tres o cuatro mil personas sobre una población de cien mil habitantes, que era lo que tenía Florencia en ese momento, en cuanto al campo y a las ciudades bajo el dominio de Florencia, como Pistoia, Arezzo y Livorno, no se hablaba siquiera de una posible participación de ellas en la vida política de la ciudad dominante.

Hay que reconocer, entonces, que al pasar de ser una ciudad-comuna a una ciudad-Estado, con dominio sobre un territorio sujeto a una expansión constante, la única estructura constitucional que podía asegurar la igualdad de los habitantes era la transformación de una organización republicana en una señorial. Esto era, precisamente, lo que estaba sucediendo en Florencia con Cósimo el viejo, Lorenzo el Magnífico y Piero de Medici. Este lento proceso unificador de un territorio aún y desgarrado por odios comunales, había sido interrumpido violentamente por la irrupción de los ejércitos de Carlos VIII, de Francia, en el territorio toscano. De improviso, todos los localismos comunales habían reaparecido con un impetuoso movimiento centrífugo.

Dentro de Florencia se volvía a la anarquía comunal, la disposición discutida y votada el 22-23 de diciembre de 1494, por influencia de Savonarola, había determinado la institución de una asamblea de ciudadanos, llamada Consejo Mayor, que hubiera debido seguir el modelo de Venecia, pero que estaba muy lejos de lograr esa estructura política. Esta asamblea tenía tales prerrogativas que se convertía de hecho en la verdadera dueña de la ciudad. Se concentraban en sus manos el poder legislativo, el poder judicial incluyendo el de apelación, y hasta el poder ejecutivo, aunque fuese de modo indirecto, ya que todas las magistraturas debían ser elegidas por el Consejo. Participaban en él, por derecho, todos los ciudadanos con 29 años cumplidos que hubiesen ocupado con anterioridad un cargo en cualquiera de las tres magistraturas superiores de la Comuna, o que pudiesen probar al menos que sus familias, el padre, el abuelo o el bisabuelo, habían sido honrados con esa dignidad o "beneficio", por lo que se daba el nombre de "beneficiados" a los ciudadanos en tales circunstancias. Naturalmente, ya que la asamblea no debía superar los mil quinientos miembros, se hacía necesaria en el interior del consejo una rotación de los ciudadanos cada seis meses; y puesto que no todos los que tenían derecho a la "ciudadanía" eran al mismo tiempo "beneficiados", la ley disponía que cada tres años se les debían entregar sesenta ciudadanos no beneficiados, además de veinticuatro jóvenes de 24 años de edad, a elegir también entre los que tenían derecho a ocupar un lugar en la asamblea.

Notemos de paso que con esta última disposición de demagogia de los "llorones" (partidarios de Savonarola) acababa por volverse contra ellos mismos, porque al buscar el apoyo de todos los ciudadanos, actuaban en contra de los intereses del grupo más fuerte y aguerrido de los beneficiados que pronto se acercarían a los opositores de fray Jerónimo, presionados por acontecimientos externos, como la amenaza de excomunión al fraile por parte del papa Alejandro VI o la incapacidad que mostró de obtener del rey de Francia la devolución de la ciudad de Pisa.

La continua rotación de los miembros del Consejo no les permitía familiarizarse con los problemas del Estado; sin embargo esa situación no era tan grave, porque en el consejo no se debatía ley alguna, ni sentencia de apelación, ni nombramiento, sólo se votaba; mucho más grave era la disposición que hacía rotar a los que estaban en la misma cúspide del Estado: Ahí se colocaban por un periodo de dos meses el "Confalonero" de Justicia, acompañado por los "Colegios", sujetos también a rotación. Además, ninguno de ellos podía ser reelegido; eran normas dictadas por el temor a un golpe de Estado, y mientras un gobierno se limitase al interior de los muros medievales, al principio podía tener cierta validez (aunque ni siquiera en el pasado, cuando Florencia se limitaba a lo que había dentro de las murallas, había dado resultado); pero los inconvenientes eran obvios, apenas se salía de las puertas de la ciudad para atender al campo, al territorio sujeto o a las ciudades libres fronterizas. ¿Cómo garantizar el secreto necesario en las decisiones libres de gobierno, el respeto y la ejecución de las decisiones tomadas, en este carrusel de hombres en los puestos claves del Estado? Y al nivel más alto, ¿cómo encaminar una gestión diplomática con potencias extranjeras italianas o transalpinas, si no había ninguna seguridad de que los Señores sucesores fuesen a opinar de la misma manera, ni de que las propuestas discutidas estuviesen al reparo de las indiscreciones hasta el momento de la conclusión de las negociaciones?... Pero lo que amenazaba sobre todo los fundamentos mismos de la organización era la disposición por la cual nunca podía ser aprobada una decisión a menos que contase con una mayoría calificada, calculando un "quórum" de miembros de la asamblea nunca menor a los mil participantes. ¿Dónde encontrar mil personas que estuviesen dispuestas a asistir a continuas votaciones necesarias por la concentración de los poderes en el Consejo? El riesgo de una parálisis total del Estado era algo más que posible, y muy pronto se haría realidad.

Para el historiador Guicciardini

> ... el mal provenía de que no había uno o más individuos que atendiesen con firmeza a las cosas públicas y que tuviesen una autoridad tal que, habiendo visto lo que era conveniente hacer, pudiesen en adelante ejecutarlo; por el contrario, al cambiar cada dos meses las señorías, y cada tres o cuatro meses los colegios, cada uno de ellos, por la brevedad del tiempo en que se desempeñaban como magistrados, procedía y trataba las cosas públicas como ajenas y nada propias. Se agregaba a eso que los Señores y los Colegios, por las numerosas prohibiciones que las leyes de la ciudad imponen a la casa y a la persona misma entre una vez y la otra, no pueden ser la mayor parte de las veces más que hombres débiles y de poco valor y experiencia del Estado. De esos defectos nacía que príncipes ni potentados no tuviesen comprensión ni amistad alguna con la ciudad por no tener en quien confiar ni de quien valerse; y rodando el dinero por muchas manos y por muchos encargados, y sin preocupación por parte de quien lo administraba, antes de destinarlo, ya estaba gastado... Pero ciudadanos sabios y reputados, viendo estas malas razones, y no pudiendo remediarlas porque pronto se gritaba que querían cambiar el gobierno, estaban descontentos y desesperados, y se habían alejado en todo del Estado.

En esto consistía la crisis de fondo de la constitución inspirada por Savonarola; el Estado florentino era gobernado en realidad por no más de cuarenta o cincuenta gran-

Vista de Florencia en 1490.

des casas o, mejor dicho, "firmas" mercantiles. En sus manos estaba todo el transporte de mercaderías, las industrias, el comercio, y de la riqueza de ellas dependía la prosperidad de la ciudad; ellos eran la misma ciudad, en una simbiosis constante entre el interés público y el privado. Los embajadores de Florencia habían sido siempre al mismo tiempo agentes de los banqueros florentinos, tanto en los tiempos republicanos como en los de los Medici, y los agentes de los banqueros florentinos habían desempeñado con frecuencia funciones extraordinarias de representación ante el Estado donde en ese momento estaban actuando. La lucha política se había circunscrito siempre al dominio de la ciudad, por el predominio de un grupo, de una camarilla, e incluso de una sola familia sobre otras; y así tendían, se diría que casi por una ley natural, hacia el principado. La arrolladora predicción de Savonarola, llena de inspiración religiosa, había logrado conquistar a una parte de los poderosos, tocados en su religiosidad y convencidos también de que esa era la forma mejor de no sucumbir, de defender las "libertades" ciudadanas; pero el resultado final había sido la gente más importante en la política tradicional de la ciudad. De esa manera se habían negado las raíces mismas del Estado mercantil florentino, se iba en contra de la historia, autocondenándose a la impotente vida municipal en un mundo que tendía a abrirse cada vez más, y donde las relaciones de fuerza se jugaban en un tablero europeo, cuyas dimensiones ni siquiera podía imaginar el pueblo florentino.

9

El laberinto político

El ya citado cronista de la época, Guicciardini, perteneciente a una de las familias más prominentes de la ciudad, comenta al respecto de un nuevo impuesto en 1500: *Lo que conviene a la ciudad es conservar las riquezas, y no destruir los grandes patrimonios*. Es natural que a la mayoría de los ciudadanos beneficiados, que gobernaba ahora sin el obstáculo de los partidarios de Savonarola, les impactase más el discurso de uno de ellos en favor del "diezmo proporcional". Resultaba fácil demostrar que *era lógico que quien tuviese más riquezas sintiese más el peso de la ciudad, agregando que si se lamentaban de que esta imposición los empobrecía, que disminuyesen sus ganancias, y si no podían tener más caballos y sirvientes, que hiciesen como él, que iba a la ciudad a pie y se servía por sí mismo.*

Es obvio que el panorama político de este florentino no se extendía más allá de los muros de la ciudad. Hay que preguntarse si en realidad en un Estado como aquel la aniquilación del poder mercantil de las grandes familias por obra de los sectores populares no amenazaba con volverse contra la estabilidad económica del Estado en su conjunto. Los poderosos, que habían considerado siempre al Estado como un bien patrimonial, podían colaborar con su existencia sólo si volvían a tener el poder político, y no de otra manera.

Estos fueron los primeros años de Maquiavelo como canciller de la República. Fueron años de parálisis, de desmembramiento del territorio estatal; pero años también de intensos debates, de intentos continuos de reformar el Estado en uno u otro sentido, según la corriente promotora. Ya que la vida de un Estado no puede detenerse, no obstante cualquier ley o disposición que pudiera provocarlo, también en Florencia la discusión política había acabado transfiriéndose a organismos excepcionales, carentes de poder de decisión, pero ricos en poder político, se trataba de las "Consultas", en las cuales, junto a los Colegios, se encontraban los ciudadanos más eminentes, invitados por la Señoría a aconsejar acerca de la mejor forma de gobierno. Estas reuniones se convocaban sin periodicidad fija, dos o tres veces a la semana, y en casos excepcionales podían ampliarse hasta incluir a cien ciudadanos "solicitados". En ocasiones, especialmente con miras a presentar al Consejo proyectos de nuevos impuestos, los ciudadanos se reunían por barrios. Lo normal era que se sentasen por grupos, por "bancas", según el orden en que se los había escrutado. Sólo un orador por banca tenía el derecho a la palabra, pero no era raro que ciudadanos eminentes diesen su parecer prescindiendo de la banca en la que estaban, por pedido expreso del gobierno. En estas reuniones, precedidas por un informe del Confalonero de Justicia a cargo, acompañado a menudo por una exposición más detallada del primer canciller de la República, estaba presente también Maquiavelo, aunque sin derecho a la palabra. Es muy interesante comparar algunos discursos pronunciados en estos debates con sus escritos políticos, en los que muchas veces se percibe el eco de aquellos "consejos".

Aquellas actas componen una reseña de las extensas y muchas veces apasionadas discusiones sobre la estructura que debía darse al estado florentino, y de las ventajas que tenía este observatorio para quien quisiese hablar más tarde de las repúblicas y los principados. Y precisamente en el principado desembocaron estas discusiones, al transformar el cargo de Confalonero de Justicia en una especie de Dux, según el modelo veneciano.

Es evidente que esos debates no se limitaban a discutir el ordenamiento más adecuado para la ciudad, sino que se preocupaban por todos los problemas que planteaba la realidad cotidiana y las fuerzas en tensión, pidiendo rápida solución. La rebelión de la ciudad de Pistoia, y más tarde la otra, más grave aún de Arezzo, dominan justificadamente y concentran el interés mayor de los políticos florentinos; no debe extrañarnos leer en el resumen de los discursos, entre otros pareceres, el de Francesco Benvenuti, que en la sesión del 22 de marzo de 1502 opinaba: *Tenemos el ejemplo de una ciudad en donde se pudieron arreglar las cosas, es Pistoia*; o encontrar en la intervención de Gerónimo Bonagrazia, en nombre de los Confaloneros de las Compañías (milicias) y de los "Doce buenos hombres" (consejeros comunales), del 7 de octubre del mismo año, la proposición de sujetar a Arezzo enviando allí "como moradores a hombres fieles"; o leer también en la relación de Antonio de Filicaia, presentada en la sesión del 22 de marzo ya citada, en calidad de capitán y comisario florentino en Pistoia, que la ciudad ha sido sometida a la obediencia hasta el punto *que se puede tranquilamente ordenar y dar a esa ciudad la orientación y forma que nosotros queramos.*

Todo aquello se vincula necesariamente con el discurso de Maquiavelo sobre "El modo de tratar a los pueblos sublevados de la Valdichiana". Estos ejemplos de discusión política contingente sobre los casos de Pistoia y Arezzo se transforman en Maquiavelo en una más amplia reflexión sobre el arte de gobernar. Y no es imposible que ya en esos años, aún sumergido en las tareas de la cancillería y en las misiones fuera de Florencia, Maquiavelo comenzase a pensar, si no directamente, en redactar una obra sobre las repúblicas, en la prolongación del diálogo iniciado por sus conciudadanos en las "consultas". Sin duda, la experiencia que estaba viviendo era enormemente estimulante. En una Italia abierta aún a todas las soluciones posibles, Florencia se encontraba en el centro de toda tentativa de unificación, fuese la emprendida por César Borgia o la de los venecianos, como ya había sucedido en el siglo anterior con los Visconti. En el centro, tanto por su situación geográfica como por su poder financiero, si bien no militar, Florencia podía defender su propia libertad y sobrevivir sólo interrumpiendo, en cada uno de los casos, las tentativas expansionistas de sus adversarios. Por otro lado, su estructura republicana era demasiado débil (caso muy distinto del veneciano) como par impulsar a su clase dirigente a proyectos expansionistas; sin hablar de que la prolongada guerra por la reconquista de Pisa la inmovilizó durante quince años en la desembocadura del río Arno, desgastando al máximo sus fuerzas. Sin embargo, su capacidad financiera fue lo suficientemente fuerte como para motivar a los grandes poderes de Europa a detener a Venecia en su marcha hacia la hegemonía de Italia.

10

Maquiavelo en la diplomacia

Maquiavelo no fue solamente espectador en esos años cruciales de la historia italiana, sino además protagonista. La autoridad que gozaba en Florencia, especialmente después de la elección de Piero Solderini como confalonero vitalicio, era enorme, tanto que un cronista de la época lo llamó "la mano derecha" de Solderini. En una ocasión partiría para una misión (la legación a la corte de Luis XII, en enero de 1504), con las instrucciones firmadas por el primer canciller, pero íntegramente redactadas por él mismo.

Las primeras misiones realizadas fuera de Florencia, como es natural, no fueron demasiado importantes. Pero ya la misión de julio de 1500, ante el rey de Francia, fue una de las experiencias fundamentales en su vida. Se le había elegido porque había estado presente en el amotinamiento de los infantes suizos y franceses durante el sitio de Pisa, y podía mejor que nadie atestiguar el explicable disgusto de su república, que no tenía la intención de pagar a soldados que la habían servido tan mal, que habían llegado a apresar a su comisario, exigiendo rescate por él. Una misión extremadamente delicada, en un ambiente desconocido, en una corte que sólo conocía indirectamente, a través de los informes presentados en la cancillería por los embajadores anteriores. Y sin embargo, Maquiavelo se mueve con agilidad y astucia, enfrentando a sus interlocutores, incluso en franca hostilidad con el cardenal de Amboise, verdadero regente del Estado y ministro omnipotente del rey. Se trataba de defender a Florencia contra la acusación de tener la intención de pasarse al bando de Maximiliano de Habsburgo, abandonando la alianza francesa. Maquiavelo responderá a estas acusaciones, calificándolas de "deshonestas y poco prudentes", sentándose en la cátedra y dando a sus interlocutores lecciones de política: Florencia sabía muy bien lo poco que valía la protección del rey de los romanos (Maximiliano), quien, en 1500, "no había ayudado ni protegido a Milán", a pesar de tratarse de un feudo imperial. Pero sobre todo el rey de Francia no debía prestar atención a las calumnias de los que ...*buscaban la ruina de sus amigos, con la única intención de fortalecerse ellos mismos y hacer más fácil quitar a Italia de sus manos. Su Majestad debía seguir las normas de los que en el pasado habían poseído provincias exteriores, según las cuales es necesario debilitar a los poderosos, favorecer a los súbditos, conservar a los amigos y cuidarse de tener iguales, es decir, los que buscan tener la misma autoridad en ese lugar: y si su majestad observa quiénes eran los que en Italia querían ser sus iguales, vería que no eran vuestras señorías, no Ferrara ni Bolonia, sino aquellos que en el pasado han tratado siempre de someterla.* Es decir, Venecia y el papado.

Maquiavelo relata, además, en su correspondencia diplomática, a los "Diez de libertad y paz" que el cardenal lo había escuchado *pacientemente, y había respondido que la majestad del rey era muy prudente y lo escuchaba todo, pero creía poco.* La lección había sido recibida; lo cual no quiere decir que el alumno se sintiera obligado a actuar en consecuencia. Pero lo que resulta notable es la lucidez del análisis político de Maquiavelo, la nitidez del cuadro que supo esbozar. Sólo se podía defender la libertad florentina poniendo continuos obstáculos en el camino de la "monarquía de Italia", frustrando constantemente los intentos de unificar el territorio del centro y norte de la península.

11

El episodio de César Borgia

n julio de 1502, y luego por un más largo periodo, desde octubre del mismo año hasta enero de 1503, Maquiavelo vivió una segunda experiencia de gran importancia, al seguir de cerca uno de esos intentos de unificación: el del "duque Valentino", César Borgia. En octubre de 1500, el hijo de Alejandro VI había iniciado una campaña militar a la cabeza de un ejército propio, con miras a la constitución de un ducado en la región de Roamaña, cuya capital ya había designado explícitamente: Bolonia. Este proyecto expansionista de Borgia afectaba directamente a Florencia en razón de su proximidad fronteriza a la región codiciada por el duque. En abril de 1501 se lograba el primer objetivo de esta campaña militar: Valentino conquistaba Forlí, Rímini, Pesaro, Faenza, y su ejército regresaba a Roma atravesando el Estado florentino como si fuese el amo, no solamente sin encontrar resistencia alguna, sino imponiendo una contribución a la ciudad en forma de reclutamiento de soldados. Este proceso provocador de un ejército enemigo a través del territorio florentino fue la manifestación más clara de las intenciones de Borgia. La sublevación de Arezzo, donde el 9 de junio de 1502 entraba con sus soldados, Vitellozzo Vitelli, uno de los capitanes de Borgia, convenció a los florentinos de que ellos serían una de las próximas víctimas, y, en efecto, Valentino exige a Maquiavelo y al obispo de Volterra, Francisco Solderini, que cambien el gobierno de Florencia. Los dos enviados florentinos van a Urbino, ocupada poco antes, el 26 de junio, por Borgia y se les dice brutalmente: *Este gobierno no me gusta y no le tengo confianza; es necesario que ustedes lo cambien y que me aseguren el cumplimiento de la promesa... ¡O me aceptan como amigo, o me tendrán como enemigo!*

Un gobierno afín a César Borgia y las fortalezas florentinas como prenda en manos del duque significaban el fin de las libertades en Florencia. Pero, ¿con qué fuerza oponerse a las exigencias? En las dramáticas deliberaciones de esos días, todas las bancas incitan a la Señoría a "aprovechar la ventaja del tiempo", a "entretener con palabras" al duque, a la espera de que pasase algo, de que el rey de Francia viniese a auxiliar a Florencia. El método político y diplomático de Florencia es el de siempre: tejer pacientemente los hilos de una trama capaz de frenar el impulso unificador que se iniciaba, utilizando para ello las fuerzas ajenas. La certeza de poder triunfar una vez más en este juego se manifiesta en una carta de la Cancillería enviada el 4 de agosto al comisario florentino en Arezzo, Juan Ridolfi (que había reconquistado la ciudad rebelde con ayuda de las armas francesas): *No creemos posible que el duque César, comprometido en esta empresa, pueda comenzar una guerra e intervenir abiertamente en Toscana si se logra ponerle fuego debajo de su mismo lecho.* Escribió Maquiavelo, pero no cabe duda de que resumía así el pensamiento de sus Señores. Los hechos le dieron muy pronto la razón: no habían pasado ni tres meses desde el primer encuentro con Valentino en Urbino cuando Maquiavelo volvía a cabalgar, esta vez hacia Imola, donde encontraría al hijo de Alejandro VI "lleno de temor"; como recordaría más tarde en su *Descripción del comportamiento tenido por el duque Valentino [César Borgia] al matar a Vitellozzo Vitelli, a Oliverotto da Fermo, al señor Paolo y a Orsini, duque de Gravina.* El duque había sido abandonado por sus capitanes, "para no ser devorados uno a uno por el dragón", los señores de Perugia, Città de Castello, Urbino, Siena, Bolonia y otros pequeños feudatarios, se habían reunido el 9 de octubre en un pequeño castillo junto al lago Trasimeno, en Magione, y habían decidido enfrentar a Valentino, de golpe parecían desmoronarse todos los proyectos de crear un ducado en la Italia central.

A decir verdad, el Valentino que encontró Maquiavelo en Imola no era para nada un hombre "lleno de temor", como dice en su despacho; su postura era más bien la de un "zorro", como lo llamaría posteriormente en *El Príncipe*; en realidad Maquiavelo lo captó enseguida, mucho antes de que la rebelión concluyese.

Maquiavelo veía en Valentino *una forma increíble, un ánimo y una seguridad más que humana de poder lograr todo lo que se proponía...* y en sus enemigos *morosidad en apremiarlo*. El 20 de noviembre, conversando con el duque, con gran familiaridad y admiración al mismo tiempo, le dijo sinceramente que *si el primer día hubiese escrito lo que pensaba realmente, y lo leyese ahora, le parecería una profecía; afirmándole, entre otras cosas, que él estaba solo y que tenía que vérselas con muchos, y que era fácil en esta situación romper las cadenas.*

Maquiavelo se encontró en una tercera ocasión con el duque Valentino, pero entones lo que había en él no era ya admiración, sino una especie de fastidio que invitaba al sarcasmo... *por ese hombre que se deja llevar por su exagerada confianza y piensa que la palabra de los demás va a ser más firme de lo que fue la suya... De modo que lo más hábilmente que pude* —escribe a sus Señores— *me liberé de él, porque me parecía haber estado mil años junto a él.*

César Borgia se había convertido en una sombra de lo que había sido, prisionero de su peor enemigo, el cardenal Juliano della Rovere, que había llegado al pontificado gracias precisamente al apoyo de los votos españoles, por una torpe maniobra de Borgia, que esperaba conservar así su propio poder. Como si della Rovere, una vez en el trono pontificio, fuese a sentirse atado a las promesas hechas durante el cónclave.

La misión de Maquivelo en Roma, ante la corte pontificia, no era ni remotamente la de informarse acerca de la salud del duque Valentino. Se le había encargado en Florencia, el 2 de noviembre de 1503 que debía dar a entender al pontífice *la situación en la que se encontraban las cosas de la Romaña, y cómo las habían modificado últimamente los venecianos... apoyando y animando a Su Santidad a pensar en los intereses de la Iglesia y en los nuestros al mismo tiempo, y cómo no deseábamos tener en esos lugares otros vecinos sino los que siempre habíamos tenido.*

Destruido el plan de Borgia respecto de Italia central, se había ido perfilando un nuevo peligro: Venecia, que continuando con su constante expansión en tierra firme, se sentía heredera del intento de unificación iniciado por Valentino, y pretendía anexarse las ciudades de la Romaña. No era que Venecia aspirase en ese momento a la hegemonía en toda Italia; sus miras eran mucho más limitadas. Ya era dueña de Ravena y ahora trataba de extender esa posesión, ambicionando sobre todo Val di Lamone, región famosa por la calidad bélica de sus habitantes. Por otro lado, su expansión sólo podía tomar dos direcciones: o una ampliación de las posesiones lombardas, del otro lado del Adda, o la anexión del ducado de Romaña. Eligió esta segunda línea de expansión, pensando que encontraría menos resistencia por parte del papado que enfrentando al rey de Francia. La suposición resultó equivocada, pero era imposible imaginarlo sin la información que la empresa misma les produjo.

De cualquier manera, a Florencia no le importaba si por el momento los objetivos de la república enemiga eran limitados. Lo que le preocupaba eran las líneas generales de esta expansión, que hacían pronosticar para un futuro más o menos lejano una "monarquía de Italia", con sello veneciano. ¿Acaso Venencia no había aceptado el ofrecimiento de los pisanos rebeldes, en 1454, de reconocerla como Señoría?; ¿no tomaba ahora actitudes abiertas de protectora del duque Valentino? Una vez más la libertad florentina luchaba con el intento de unificar a Italia del centro y norte; una vez más Florencia debía restablecer lo que en los manuales se acostumbraba llamar una "política de equilibrio", lo que no era otra cosa sino la tenaz defensa del *status quo*.

Era necesario, pues, detener a los venecianos, como en otra época se había hecho con los Visconti, y como se había logrado hacer hasta hacía muy poco con el duque Valentino. El ideal, para el régimen florentino, hubiera sido la permanencia de las débiles señorías ciudadanas anteriores a 1500, sobre las que era fácil establecer una especie de protectorado. Tampoco convenía que la Iglesia heredase la obra de Borgia. Por lo tanto, Maquiavelo debía actuar en dos sentidos; porque también en Florencia, como en Venecia, se tenía la convicción de la debilidad del Estado papal: apoyar el regreso de los antiguos señores a las ciudades de la Romaña, impedir que Venecia o Roma ocupasen el lugar de César Borgia. El terreno estaba preparado, al menos para una liga contra Venecia, y Maquiavelo no dejó de subrayarlo.

Maquiavelo puso, en nombre de sus señores, la primera piedra de aquella liga que destruiría en Agnadello el sueño veneciano. Era necesario que, además de la Iglesia, participasen en ella Francia y el Imperio. Pronto se ejercieron presiones sobre Francia, en la misma curia pontificia, donde después del cónclave de había quedado el cardenal de Rouen, para poder seguir más de cerca los movimientos del ejército francés en la margen derecha del río Garigliano. "El reverendísimo monseñor de Volterra", es decir, el cardenal Francisco Solderini, hermano del confalonero, *paga muy bien y sin respeto alguno la deuda para con su patria* —escribió Maquiavelo el 11 de noviembre— *y no cesa de excitar a Rouen y a todos los demás cardenales que tiene audiencia frente a Su Santidad; los cuales, por interés propio y por el de*

la Iglesia, se empañan gustosos en ello; y especialmente Rouen lo
hace con gran diligencia; pero por ahora no promete ayuda en
hombres o en otras cosas, sino sólo de cartas.

El cardenal de Rouen entendía, con razón, que ante la amenaza veneciana tenía prioridad el intento de reconquistar el reino de Nápoles. Una victoria francesa junto al Garigliano habría hecho de su rey el árbitro de Italia, y le habría dado la posibilidad de reconquistar las ciudades de la Romaña sin necesidad de combatir. Pero los venecianos tenían la misma opinión, y precisamente soldados venecianos, los de Bartolomé de Alviano (prestados al rey de España como mercenarios) serían el factor decisivo de la batalla del 28 de diciembre. En una osada maniobra envolvente entre el 27 y 28 de diciembre, Alviano cruzaba el río aguas arriba, sorprendiendo el campamento de los franceses, mientras los españoles de Gonzalvo los atacaban de frente. La amenaza veneciana, lejos de debilitarse, se agigantaba. No sólo eso, sino que además renacía de repente la amenaza de los pisanos, porque Gonzalvo, libre ya de la presión de los franceses, decidía enviar tropas en auxilio de la ciudad rebelde, mientras que Bartolomé de Alviano, ahora a sueldo del cardenal Ascanio Sforza, concebía el ambicioso proyecto de una doble restauración: la de los Sforza en Milán, y la de los Medici en Florencia.

Fue por esta situación que Maquiavelo, apenas de regreso a casa, debía emprender de nuevo el viaje, enviado el 18 de enero de 1504 a Francia por la Señoría. Ahí le presentaron un ambicioso plan para solucionar la cuestión pisana, lo que incluso permitiría la conquista de Piombino. Naturalmente, aquello era una quimera, como el propio Maquivelo pudo constatar en su regreso desde Francia, en una breve misión ante el señor de Piombino, Jacopo de Appiano, misión proyectada precisamente para confirmar en qué medida Appiano tenía el apoyo de su súbditos. Mientras Alviano engrosaba el ejército sólo una casualidad afortunada podía salvar al gobierno florentino; sin embargo, la inesperada muerte del cardenal Ascanio Sforza fue como una brisa fresca que disipó aquellas nubes de tormenta.

Deshecho el plan de restauración antifrancesa, Bartolomé de Alviano debió intentar solo la empresa contra Florencia. El 17 de agosto se enfrentó en campo abierto con los mercenarios al servicio de Florencia conducidos por Hércules Bentivoglio, y fue derrotado y dispersado. Envalentonados con el éxito, los vencedores quisieron retomar inmediatamente las acciones contra Pisa, antes que entrasen en la ciudad los infantes españoles enviados por Gonzalvo. Pero bajo los muros de Pisa los esperaba una nueva y humillante derrota: después que la artillería había abierto grandes brechas en las murallas se ordenó el asalto, pero los soldados se negaron por dos veces a escalar la explanada.

12

El recurso de las armas

Esta derrota convenció a los gobernantes florentinos de que debían atender a los proyectos que desde tiempo atrás venía presentando Maquiavelo para la formación de una milicia florentina. Y sin embargo, aunque todos estaban convencidos ya de lo urgente de la reforma, no parecía fácil decidir cual era el modo de decidirla, por muchas razones, cada una de suficiente peso. El proyecto de Maquiavelo de dotar a la República de un ejército propio apelaba al pasado comunal de la ciudad, cuando Florencia luchaba con las ciudades vecinas para extender su influencia, o al menos, al menos eso era lo que pensaban los contemporáneos. Pero, ¿era posible retroceder dos siglos?; ¿era posible transformar en hombres de armas a ciudadanos habituados al comercio y a los negocios? Eso sin hablar de que la guerra ya no tenía lugar, como antes, por grupos, ni se desmenuzaba en una serie de combates singulares entre caballeros. Por el contrario, la mayor complejidad del grupo de combate había acabado por imponer la utilización de soldados profesionales. Y en aquellos tiempos, hasta ese "hombre de armas" estaba en crisis con la aparición del cuadro de infantes, que introducía una situación táctica radicalmente nueva. Tomando en cuenta todo esto, se deducía que lo primero que había que hacer era dedicarse al reclutamiento de infantes. Pero, por otro lado, las maniobras de un cuadro de lanzas, que era fundamental en esos tiempos, exige una práctica tal de movimiento sobre el terreno que hacía necesario a los infantes que debían componerlo constantes ejercicios militares, lo que significaba la necesidad de contar con una infantería permanentemente armada. ¿Podía el régimen florentino arriesgarse a armar a una gran cantidad de ciudadanos sin temor a ser derrocado, ya fuera por los partidarios de los Medici, o por una oposición oligárquica que ya tenía una cierta fuerza en la ciudad? Maquiavelo propone entonces un cambio de organización militar; con respecto a la milicia comunal, que en aquel entonces estaba formada por los habitantes de la ciudad, pero ahora la propuesta era que se formara por gente rural. Lo que se le objetaba era que los habitantes del campo eran solamente súbditos y no tenían participación alguna en la vida de la ciudad; ¿cómo pretender entonces que estuviesen dispuestos a arriesgar sus vidas en un campo de batalla, en defensa de la ciudad? Maquiavelo respondió a esta objeción en el *Discurso sobre el ordenamiento del Estado de Florencia a las armas.* Después de haber hecho una clara distinción entre *contado* y *distrito* (el "contado" era el campo, y el "distrito" estaba formado por los territorios de las ciudades sometidas), creía poder evitar cualquier peligro de rebelión en el *contado*, porque éste, a diferencia del distrito, no tenía ciudades ni fortalezas donde hacerse fuerte. Es decir, que cualquier rebelión que intentasen los campesinos podía ser controlada con facilidad.

Pero quedaba aún una dificultad: ¿y si los cuadros del ejército, los oficiales mismos que dirigirían las compañías intentaran un golpe de Estado? El proyecto obviaba esto con un complicado sistema de distribución de cargos y de rotación de los oficiales con mando de tropa:

> ... *y porque sería peligroso que reconociesen un solo superior, sería conveniente que este nuevo magistrado los dirigiese mientras estuvieran en casa; que después los Diez*

los condujeran a la guerra; y que Señores de los Colegios, Diez y nuevos magistrados los premiasen y remunerasen... y así tendrían siempre indistintos a sus superiores, y reconocerían a un público y no a uno privado. Con respecto a los oficiales, se debía tener especial cuidado en impedir que se familiarizasen con la tropa... *y puesto que el tiempo va dando autoridad, conviene cambiar cada año a los condestables, y darles nuevos jefes, prohibiendo que puedan ser reelegidos.* Con ese sistema, Maquiavelo renunciaba a la única solución que habría permitido la cohesión de la tropa: darles jefes "venerados". Sobre este tema recapitularía más tarde, sustentando la opinión contraria en su célebre tratado sobre *El arte de la guerra.*

Pero Maquiavelo nada tenía que ver con la intrínseca debilidad de la República florentina. Lo único que podía hacer él era tenerla en cuenta y tratar de superar esa vulnerabilidad de la mejor manera posible. Sin embargo, desde fuera, esta nueva fuerza militar impondría respeto a los mismos franceses, igual que al resto de los enemigos de la República. Y mientras Florencia trataba de darse una nueva forma de organización militar, las cosas no estaban nada tranquilas en Italia. Al declinar el verano de 1506, el pontífice Julio II salía de Roma a la cabeza de un ejército reclutado entre sus feudatarios (primero de todos, el duque de Urbino, a quien se había confiado la dirección de la tropa y el título de "Abanderado de la Santa Iglesia Romana"), dispuesto a recoger la herencia del duque Valentino. No se trataba aún de la tan deseada expedición contra Venecia, pero podía ser el primer paso hacia ello. Por el momento el objetivo del papa era asegurarse Perusa y Urbino. Perusa, poniendo en ella una guarnición militar y destronando a Juan Pablo Baglioni; Urbino, obligando a Guidobaldo di Montefeltro a nombrar como sucesor al sobrino del pontífice, Francisco María della Rovere. Una vez más, Maquiavelo tenía la suerte de vivir esta nueva experiencia de un pontífice en armas y de asistir a su temeraria entrada en Perusa, sin otra escolta que sus 150 suizos (una guardia de reciente formación, inmortalizada por Rafael en las habitaciones del Vaticano). Maquiavelo recordará el episodio en el capítulo veintisiete del primer libro de los *Discursos*, como ejemplo de cómo los hombres son capaces *sólo excepcionalmente de ser del todo malos o del todo buenos*:

> *El papa Julio II quería sacar a Giovampagolo Baglioni de Perusa... Y habiendo llegado cerca de Perusa con esta intención y deliberación conocida por todo el mundo, no esperó a entrar en esa ciudad con su ejército para custodiarlo, sino que entró desarmado, a pesar de que dentro se encontraba Giovampagolo con mucha gente, a la que había congregado para defenderse. De modo que impulsado por aquel furor con que lo dirigía todo, acompañado solamente de su guardia se puso en manos del enemigo, al cual después llevó consigo, poniendo en aquella ciudad un gobernador que estuviese al servicio de la Iglesia. Los hombres prudentes hicieron notar que con el papa estaba la temeridad del papa y la vileza de Giovampagolo, y no podían entender a qué se debía que aquél, según fama conocida desde siempre, no hubiese aplastado inmediatamente a su enemigo y no se hubiese enriquecido con el saqueo, siendo así que con el papa estaban todos los cardenales con todos sus placeres. Era imposible creer que se hubiesen abstenido, por bondad o por conciencia: porque en el pecho de un hombre malvado, que vivía con su hermana, que para llegar al poder había asesinado a primos y a sobrinos, no podía albergarse ningún sentimiento piadoso; y concluía que los hombres no son capaces de ser honradamente perversos, ni completamente buenos; y si no llegan a percibir que la maldad tiene en sí misma algo de grandeza y tiene en alguna parte algo de generosidad.*

Después de Perusa viene la conquista de Bolonia, sometida a la tiranía de Bentivoglio. Comenzaba de nuevo a cerrarse el círculo en torno de Florencia; ahora en lugar de los venecianos era el pontífice romano; y sin embargo, ya que los florentinos sabían muy bien que cada nuevo pontificado borra las huellas del anterior, para ellos los enemigos verdaderamente peligrosos seguían siendo los venecianos, contra quienes necesitaban reunir las fuerzas coaligadas de Luis XII, del Emperador y del papa. Un primer proyecto de reparto del territorio de Venecia había tenido lugar en septiembre de 1504, cuando se firmó un tratado entre el rey de Francia, Maximiliano y el hijo de este último (yerno del rey de Aragón, Fernando el Católico), el archiduque de Bolonia Felipe el Hermoso. Pero la situación no estaba madura aún, y los acontecimientos posteriores hicieron fracasar el primer acuerdo. La entrada de Fernando el Católico en la alianza fue lo que completó la liga antiveneciana; ya estaban todos: el rey de Francia, quien buscaba reconstruir el antiguo ducado de los Visconti; el Emperador, que desde Trento tenía la vista puesta en la extensa llanura veneciana; el rey de España, que reclamaba para sí Monopoli, Poligano, Trani, Brindisi, Otranto y Gallipoli, puertos de Puglia que estaban en manos de Venecia. Pronto se les agregaron los Estensi, que quería restablecer su dominio de Rovigo; los Gonzaga, que pedían la restitución de Ronato y las otras tierras que les habían arrebatado los venecianos; los Saboya, que alegaban derechos sobre Chipre; el rey de Hungría, que ambicionaba las tierras dálmatas. De la liga, lo único que obtendría Florencia era libertad de acción con respecto a Pisa, y no tenía más pretensiones, porque le bastaba con que la potencia rival se alejase de sus fronteras. Y así, finalmente, después de quince años de guerra, Florencia concluía su conflicto con los rebeldes de Pisa, y veía derrotada a Venecia en la batalla de Agnadello. Doblegada, pero no destruida, como lo reconociera más tarde el mismo Maquiavelo ante su amigo Francisco Vettori:

La ruina de ellos fue demasiado honrosa, porque lo que
hizo el rey de Francia lo habría hecho el duque Valentino
o cualquier otro capitán de renombre que hubiese surgi-
do en Italia, estando al frente de quince mil hombres.

En efecto, el problema veneciano no era exclusivamente un problema militar, sino básicamente un problema político. El mismo Maquiavelo pudo constatarlo durante su
misión al campamento imperial de Mantua y Verona, en
noviembre de 1509. En un despacho enviado por él el 26 de
ese mismo mes se puede leer:

Estos alemanes se dedican a robar y saquear el país, y se
ven y oyen cosas lastimosas sin precedentes, de modo que
en el ánimo de estos campesinos ha entrado el deseo de
morir y de vengarse; se han vuelto más obstinados y en-
furecidos contra los enemigos de Venecia de lo que lo es-
taban los judíos contra los romanos; y a diario sucede
que algún prisionero de ellos se deje matar antes que ne-
gar el nombre de Venecia... De modo que, considerando
todo esto, es imposible que estos reyes puedan conservar
estos países mientras sigan con vida estos campesinos.

Lo que resulta más claro de esta situación, (cosa que
Maquiavelo no supo ver a pesar de su objetividad como
testigo) es la fuerza política del gobierno veneciano, una
afirmación de la cual un florentino hubiera debido sacar
amargas conclusiones. Pero a los florentinos lo que interesaba en ese momento era algo muy distinto: les interesaba
que continuase la guerra con la intensidad del principio, que
la república veneciana fuese aniquilada, que los aliados
de la liga de Cambrai continuasen unidos en sus propósi-
tos de destrucción, para eso habían enviado a Maquiavelo
a Mantua, para depositar en las arcas imperiales su cuota
para el financiamiento del ejército ocupante. Pero las des-
confianzas, las tensiones entre el rey de Francia y el rey de

los romanos (Maximiliano, el emperador no coronado) se iban agudizando cada vez más, con singulares ventajas para la diplomacia veneciana. *Son estos dos reyes, uno de los cuales podría hacer la guerra, pero no quiere, y el otro sí quisiera hacerla, pero no puede.* Ésta fue la deprimente conclusión que trajo Maquiavelo de su misión.

Pier Solderini hizo una última tentativa, enviando en junio a Francia a Maquiavelo con una instrucción que es uno de los más claros ejemplos de su política: *Lo único que deseo es que Su Majestad conserve y acreciente su poder en Italia; para lo cual es necesario que combata a los venecianos, manteniéndose unido al emperador como hasta ahora...* En este momento no se conocía aún en Florencia la decisión de Julio II de romper la alianza y pasarse al bando de los venecianos, recluidos ya definitivamente dentro de sus antiguas fronteras. Continuando con su política encaminada a reconquistar los antiguos feudos eclesiásticos, después de Perusia, Urbino y Bolonia, el papa ambicionaba ahora la posesión de Ferrara. Para eso debía enfrentarse con los franceses, protectores de los duques D'Este, y el único modo de hacerlo era concluir la partida con los venecianos, de esta manera, al grito de ¡fuera los bárbaros!; este pontífice, a quien Guicciardini llamará "fatal instrumento de los males de Italia", se disponía a entregar la península al dominio de los españoles.

13

Entre Francia y el papado

A partir de ese momento, la situación de la República florentina será desesperada. Hasta entonces su gobierno se había regido basándose en el acuerdo franco-vaticano que había condicionado toda la vida política italiana desde la muerte de Carlos VIII. Con el fin de esta alianza concluía también cualquier posibilidad de maniobra para Florencia. Y no era una decisión fácil decidir a cuál de las dos partes apoyar, teniendo a los franceses en Lombardía y a los soldados del pontífice en la frontera sur del Estado. Por eso, mientras pueda, Florencia intentará rehacer la alianza, reconciliar al rey y al papa. Esfuerzo inútil, dado que el papa "movido por un espíritu diabólico que ha tomado posesión de él" declara querer echar a los franceses al otro lado de los Alpes, lo que también es un esfuerzo inútil, dado que los franceses declaran a Maquiavelo que sus reyes bajarían a Italia para cambiar todo en ella. *Vuestras Señorías pueden imaginar lo que se dice del papa, porque negarle la obediencia, hacer un concilio en su contra, arruinarlo en su estado temporal y espiritual es la menor de las amenazas que profieren.*

Podía parecer (y así pareció a Maquiavelo) que se trataba de la clásica lucha entre el poder temporal y el espiritual, al estilo de los antiguos emperadores del Sacro Imperio Romano Germánico; pero el conflicto que ahora se desplazaba del plano político-diplomático al plano religioso tenía una amplitud muy distinta. Desaparecido por fallecimiento el cardenal Georges D'Amboise, que en su condición de Legado Pontificio había asegurado hasta ese momento una independencia de hecho a la Iglesia galicana con respecto a Roma, evitando todo choque con el papado, habían aflorado todas las fuerzas centrífugas del clero francés, imponiendo un brusco viraje a la política religiosa del monarca. La apelación al concilio la propugnaban ahora hombres influidos directamente por la doctrina de Erasmo de Roterdam, tales como Jaques Lefébre, Gulaume Budé y Robert Gauguin.

Maquiavelo, desde Blois, solicitaba insistentemente a sus Señores que eligiesen con valentía, recordando muy bien un consejo que le había dado una vez el propio Valentino. Era necesario optar entre dos adversarios, si no se quería acabar siendo la presa del vencedor. La opción implicaba un riesgo, y el riesgo había que calcularlo no sólo para el caso de una derrota, sino hasta para el caso de salir vencedores. ¿Qué pedían los Señores de Florencia a cambio de la ayuda que prestarían a Francia? Los mismos ministros de Luis XII eran quienes lo preguntaban... ¿Querían Luca, querían Urbino?

Estando obligados a hacer lo que se decía arriba, vuestra ciudad corre un cierto peligro; quien bien os quiere considera que sería sabio no correrlo sin alguna compensación. A vosotros no os interesa para nada Luca; sería el momento de pensar en algo; además, cuando me encontré hoy con él (con Robertet) me presentó los mismos argumentos, y me preguntó también si os interesaba el ducado de Urbino. Yo, como he hecho siempre en tales casos, me hice el desentendido, porque no me gusta opinar cuando no conozco el pensamiento de Vuestras Señorías.

Pero, ¿cuál era la respuesta que esperaba?; lo había dado a entender en el mismo mensaje: *Crean Vuestras Señorías, como creen en el Evangelio que si llega a haber guerra entre el papa y esta Majestad, no podrán ellas tener que declararse a favor de alguna de las dos, dejando de lado todo respeto que se tenga por la otra.*

Es tan grande la certeza de Maquiavelo, y tan dramático el momento, que la desesperación por la indecisión de sus Señores lo impulsa a hablar fuerte y claro. Más tarde, en otro estado de ánimo, insertará un capítulo entero en sus comentarios a Tito Livio, para demostrar que *las repúblicas débiles son irresolutas y no saben decidirse; y si alguna vez toman partido lo hacen por desesperación.*

En Florencia se obstinaron, contra toda evidencia, en continuar intentando un acuerdo entre el rey y el papa, y acabaron enemistándose con ambos, sin recibir nada a cambio; y mientras un grupo de cardenales cismáticos decidía la convocación de un concilio que depondría al papa e iniciaría la ansiada reforma de la Iglesia, los florentinos intentaban una vez más "sacar ventaja del tiempo", con una tan intensa cuanto inútil actividad diplomática. Hasta que, una noche de agosto de 1511, dio la impresión de que la táctica dilatoria hubiese vuelto a dar frutos. Esa noche Julio II recibió la extrema unción y los romanos se preparaban ya para saquear, según la costumbre, las casas de los cardenales. En esos momentos dramáticos partió una orden del Vaticano, la impartió el cardenal Solderini, pasando por encima de la autoridad de su hermano el Confalonero. Con la desaparición del pontífice resultarían vencedores los cardenales rebeldes. Solderini se apresuraba entonces a realizar toda clase de acuerdos, comunicando a los cardenales cismáticos que la República florentina accedía a su pedido de reunirse en Pisa. El 25 de agosto el representante personal de Francisco Solderini, Juan Girolami, llegaba a Milán, donde estaban reunidos los purpurados, y destruía de golpe todo el trabajo diplomático del embajador florentino, que hasta ese entonces había conseguido impedir que el concilio se reuniese en Pisa.

85

Por muchos motivos me duele lo sucedido —escribió a los Señores en embajador Pandolfini—, *pero sobre todo porque, como lo comprueban mis palabras, en este lugar se ha pensado que Vuestras Señorías me consideran una sombra, por haber mostrado a todos esos Señores que no tenía la menor noticia de lo que en nombre de Vuestras Señorías y de otros les fue informado a ellos como cosa resuelta y definitiva.*

Los "otros" a los que aludía la queja de Pandolfini en realidad era exclusivamente el cardenal de Volterra.

Nunca hubo para Florencia una enfermedad más perniciosa que ésta de Julio II, porque el pontífice se recuperó inesperadamente, y su cólera se abatió sobre los florentinos. Maquiavelo fue movilizado de nuevo, esta vez para convencer a los cardenales cismáticos de que pospusiesen las sesiones conciliares, después de haberse realizado las ceremonias de apertura en Pisa. Pero ya era demasiado tarde como para obtener el perdón del pontífice, y obrando así lo único que lograban era enemistarse también con el rey de Francia.

El resentimiento de Maquiavelo contra los errores políticos del Confalonero, y sobre todo contra su hermano, el cardenal, estaba más que justificado. Porque entre toda la administración de Palazzo Vecchio, él fue quien padeció más las consecuencias de la falta de decisión política del Confalonero.

Justo un año después de la desatinada decisión del cardenal de Volterra llegó la venganza de Julio II. El 29 de agosto de 1512 las tropas de la Liga Santa, a las órdenes del español Ramón de Cardona, acababan frente a Prato con aquella organización militar florentina creada por Maquiavelo, quien precisamente ese día recibía su "bautismo de fuego". Prato fue conquistada y saqueada (un saqueo que iba a durar veinte días). La noticia llegó a Florencia en la mañana del 31 y los Señores de Florencia decidieron jugar la última carta para no volver a caer bajo el dominio de los Medici: exigieron la renuncia a Solderini y pusieron en su lugar a Juan Bautista Ridolfi, jefe reconocido de la oposición de los magnates y reconocido como opositor acérrimo de los Medici.

14

Un retiro involuntario

En aquellas difíciles circunstancias, Maquiavelo se sintió obligado a tomar posición, y lo hizo valientemente en un escrito dirigido a los partidarios de los Medici, advirtiéndolos contra el peligro de prestare al juego de los poderosos. Según su opinión, estos representaban realmente el peligro común, tanto del sector democrático (los "beneficiados") como del de los Medici. Al aceptar el nombramiento de Ridolfi como Confalonero perpetuo, lo único que conseguiría el inexperto Juliano de Medici sería fortalecer el poderío de los magnates... *Quisiera ponerlo en guardia en contra de la opinión de los que dicen que convendría hacer públicos los defectos de Piero Solderini para quitarle el apoyo del pueblo; si se mira bien a la cara a los que así hablan, y se trata de ver qué es lo que los mueve, se verá que no los mueve el deseo de procurar del bien de este Estado, sino el de conseguir apoyo para ellos mismos.*

Dos parecen ser los objetivos de Maquiavelo al hacer esta llamada a los partidarios de los Medici: por un lado salvar la reputación de Solderini, y con ello todo un pasado del cual él mismo formaba parte; y por otro lado, impedir que llegasen al poder aquellos contra los que siempre había combatido.

Pero los Medici no tenían necesidad de consejos, y conocían muy bien el arma que siempre había usado su familia para llegar al poder: convocar a los "populares" a una asamblea; es decir, hacer una política "de plaza", pasando por encima de los ordenamientos constitucionales de la Comuna. La tarde del 16 de diciembre caía el efímero gobierno de los magnates, se abolían las viejas instituciones comunales, se suspendía la constitución y el poder se confiaba a las manos de cuarenta y seis ciudadanos, todos partidarios de los Medici, los que de inmediato se pusieron a compilar listas de proscripciones, a confiscar los bienes de los vencidos y sentar las bases de un nuevo gobierno. Nicolás Maquiavelo estaba entre las víctimas: el 7 de noviembre una decisión de la nueva Señoría lo "destituía, privaba y removía totalmente" del cargo de canciller de la segunda Cancillería. Diez días después le sería aplicada una segunda prohibición: se le negaba por doce meses el derecho a entrar en el Palazzo Vecchio. Pero no era aún el fin de la caída. Implicado sin saberlo en el torpe complot contra los Medici fue apresado, torturado con seis cuerdas y arrojado a una prisión, de donde no salió hasta principios de marzo, gracias a una amnistía general que se decretó en ocasión de la elección del cardenal de Medici como pontífice. El aire que se respiraba en Florencia ya no era bueno para él, y se retiró a Sant'Andrea, en Percussina, al margen ya de los cargos y honores, a los cuarenta y cuatro años de edad. El único contacto con el mundo que le quedaba era la correspondencia política con su amigo Francisco Vettori, orador florentino en Roma, a quien comunicaba su sabiduría y su experiencia de hombre político.

Por lo que respecta a su vida privada, él mismo relata:

Yo siempre estoy en la villa, y después que me sucedieron aquellas últimas cosas, juntándonos todos, no habré estado más de veinte días en Florencia. Me dedico a cazar tordos. Me levanto en la mañana con el sol y me voy a un bosque mío que estoy haciendo talar; me estoy ahí dos horas, inspeccionando el trabajo del día anterior y pasan-

do el tiempo con aquellos leñadores, que siempre tienen alguna desgracia entre manos, o con los vecinos. Cuando me alejo del bosque voy a una fuente, y de ahí a una pajarera que tengo. Llevo un libro conmigo, o Dante, o Petrarca, o alguno de los poetas menores, como Tibulo, Ovidio o alguno parecido; leo de sus pasiones amorosas y de sus amores recuerdo lo mío y gozo por un rato con aquellos pensamientos. Me encamino después a la hostería, hablo con los que pasan, les pido informes sobre lo que acontece en los pueblos, escucho diversas cosas y observo la variedad de gustos y fantasías de los hombres. Mientras tanto llega la hora de almorzar y como con los míos lo que puede dar esta pobre villa y un reducido patrimonio. Una vez que he comido vuelvo a la hostería: ahí está un tabernero, y además hay más o menos un carnicero, un molinero, dos ladrilleros. Con éstos me trenzo el día entero en partidas de cartas, donde nacen mil discusiones y palabras injuriosas, donde se pelea por un cobre y con frecuencia se nos oye gritar desde San Casciano. Así, en medio de estos piojos, me limpio el cerebro de moho y desahogo la maldad de ésta mi suerte, alegrándome de que me pisotee de esta manera, a ver si acaba avergonzándose. Cuando llega la tarde vuelvo a mi casa y voy a mi escritorio; a la entrada me despojo de este traje cotidiano lleno de fango y de lodo, y me revisto de ropas curiales y reales, y decentemente vestido entro en las antiguas cortes de antiguos hombres, donde, acogido amorosamente por ellos, me alimento del único alimento verdaderamente mío y para el que he nacido; por eso hablo con ellos sin temor, y les pido que me expliquen el porqué de sus acciones; y ellos, por su humanidad, me responden; y por espacio de cuatro horas no siento aburrimiento y olvido todas las preocupaciones, no temo a la pobreza ni me angustia la muerte; me sumerjo totalmente en ellos.

15

El príncipe

La desgracia que lo aflige termina por incitarlo a reflexionar sobre las causas que la provocaron, a indagar las debilidades de ese régimen político pasado que había surgido con la expulsión de los Medici y había caído con el retorno de los mismos, después de dieciocho años. Maquiavelo no conoció la Señoría de Lorenzo, apenas si presenció la caída de Piero; toda su vida política, catorce años de trabajo en el Palacio, estuvo asociada y condicionada por el régimen republicano. Tiene, pues, un espíritu y una experiencia republicanos, aunque ha sido testigo de la empresa de Valentino, que pasó como un meteoro por el cielo de Italia. Quiere saber por qué la República no se ha mantenido, quiere descubrir las causas de esa debilidad. Es el momento propicio para retomar los apuntes de aquel trabajo suyo sobre las repúblicas del que hemos hablado, para repasar con la mente aquellas discusiones constitucionales de los primeros años, confrontándolas con los ejemplos de la antigüedad. ¿Cuáles son los principios "universales" por los que se han regido las repúblicas? ¿Por qué Roma tuvo durante siglos una forma republicana, para después volver al principado? ¿Cuáles fueron las leyes que les dieron sus primeros legisladores? ¿En qué virtud se apoyó a lo largo de su camino? Las *Décadas* de Livio y las *Historeae* de Tácito son sus principales fuentes de estudio, hasta que, habiendo planteado el problema de modo que "en las ciudades corrompidas podía mantenerse un Estado libre, si lo había, o no habiéndolo, crearlo"; y habiendo comprobado que "un pueblo corrompido que ha llegado a la libertad, muy difícilmente puede mantenerse libre"; se da cuenta de que no puede seguir adelante sin enfrentar el gran problema de su época; el principado. Y entre julio y diciembre de 1513, redactará de una sola tirada aquel célebre libro suyo, que él tituló: *De principatibus*, y que la posteridad conocerá con el nombre de *El Príncipe*, nombre más conciso, pero menos relacionado con la naturaleza de la obra.

Es importante fechar las dos grandes obras de Maquiavelo: El Príncipe y los Discursos, no sólo para determinar la evolución literaria del autor, sino para captar su pensamiento. Se postula, a veces, un estrecho nexo entre las dos, mostrando entonces en una perspectiva distinta a la más breve y más afortunada de ellas. La violenta polémica que en tiempos de la contrarreforma se desató contra El Príncipe y contra su autor, no sólo ha hecho pasar a un segundo plano a los Discursos, sino que además se ha desnaturalizado el sentido de El Príncipe, al sacar esta obra de su contexto, que es precisamente lo que le otorga su peso y validez. ¿Cómo conciliar al Maquiavelo, defensor de la libertad republicana en los Discursos, con el frío defensor de la tiranía en El Príncipe? En el siglo XVIII, el sultán Mustafá III haría traducir esta obra para instrucción suya y de sus hijos, y el rey de Prusia, Federico el Grande, se aventuraba a refutarlo; pero ambos coincidían en la interpretación del pensamiento fundamental de la obra. Fue un investigador alemán, Johann Friedrich Christ, quien reivindicó la postura republicana del canciller florentino; y la nueva interpretación tuvo su aprobación más insigne en el artículo de Diderot para la "Enciclopedia": El Príncipe ya no era más el elogio de la tiranía, sino su sátira más despiadada. Interpretación evidentemente forzada, pero que tenía el mérito de volver a poner todo en discusión.

En el siglo XIX, siempre en Alemania, Herder, Fichte y el mismo Ranke creyeron que se podía justificar al autor de El Príncipe teniendo en cuenta que sólo un príncipe capaz de tener el poder con la frialdad de la "Razón de Estado" estaba facultado para salvar a Italia —en la época en que escribía Maquiavelo— de la dominación extranjera y para dar unidad a la nación. A estas mismas conclusiones llegaron los historiadores italianos del Resurgimiento, hasta De Sanctis, sin darse cuenta de que al entenderlo así estaban haciendo pasar las necesidades, las pasiones, las ansias de su propio tiempo, de italianos del siglo XIX, que, al igual que los alemanes, trataban de lograr la unidad nacional. En este caso se ponía el acento no en la obra entera, sino en su conclusión, en la exhortación dirigida a Lorenzo di Piero de Medici a "tomar Italia y liberarla de las manos de los bárbaros", sin caer en cuenta que ese capítulo había sido agregado a la obra, que era contemporáneo a la dedicatoria, posterior como mínimo en dos años al libro.

En los últimos tiempos se ha ido extendiendo la idea de que El Príncipe y los Discursos reflejan un único pensamiento, que deben ser leídos juntos y que no se justifica la contraposición entre un Maquiavelo republicano y otro transformado de repente en cortesano de los Medici, e instigador de un príncipe absoluto, al estilo de los Borgia.

El Príncipe, como hemos dicho, fue escrito de una sola tirada, entre julio y diciembre de 1513. El 10 del mismo mes, su autor comunicaba en una carta a su amigo Vettori que había *compuesto un opúsculo, De principatibus, donde profundizo lo más que puedo sobre el tema, discutiendo sobre qué es el principado, cuántos tipos hay, cómo se llega a tenerlo, como se mantiene y por qué se pierde.* Termina señalando su intención de dedicar el libro a Lorenzo de Medici, quien, como príncipe nuevo encontrará en él consejos muy oportunos.

El Príncipe está escrito en un italiano fluido, con ciertos regionalismos que le dan, en su tiempo, un gusto coloquial. Pero no sólo en su tiempo, sino todavía en la actualidad, El

Príncipe se lee no sólo con facilidad, sino con placer. Consta de una dedicatoria preliminar y veintiséis capítulos, cuyos títulos están en latín.

Se supone que la dedicatoria tendría que servir para que Maquiavelo se ganase el favor de los Medici, sin embargo el tono de la obra es un poco altanero, como el de un maestro que alecciona a un alumno un poco lerdo; a pesar de que Lorenzo se había convertido en el amo de Florencia y de que se le dedica la obra, toda la alusión a él se reduce a señalar la buena suerte del nuevo príncipe y sus cualidades, que no especifica, pero que considera prometedoras.

El libro trata exclusivamente de los principados, de cómo se adquieren y cómo se conservan. En cuanto a lo primero, los príncipes llegan a serlo por herencia o fundando una dinastía. Un príncipe hereditario que extiende su dominio a nuevos territorios es considerado en estos últimos como fundador, y su comportamiento en esos países recién adquiridos ha de ser diferente al observado en los dominios heredados, pues un principado nuevo se pierde con mayor facilidad.

Maquiavelo detesta la política que sólo pretende vivir al día. Para tener éxito, hay que actuar ocupándose no sólo del presente, sino también del futuro, intentando evitar en lo posible los problemas. Atribuye la grandeza y estabilidad del Imperio romano a su planificación, tan ambiciosa y al mismo tiempo tan previsora, y está convencido de que los continuos fracasos de la república florentina tienen su raíz en que nunca ha trazado una línea de actuación a largo plazo, tomando en cuenta el mayor número de factores.

Según esto, y aunque *el deseo de adquirir es, verdaderamente, algo muy natural y ordinario,* un príncipe deberá pensar en el porvenir antes de adquirir nuevos estados, pues no hay mayor error que empeñarse en hacerlo cuando no se tienen las suficientes fuerzas y posibilidades, y por muchos ejércitos que se pongan en campaña, nunca se logrará entrar en una provincia con éxito si no se cuenta con el favor de algún sector de los habitantes.

Un estado nuevo se adquiere por la fuerza o por la astucia, aunque el medio más seguro es una combinación de ambas. Los métodos difieren según las propias características de país que se quiere anexionar, pues si éste está muy unido, el atacante tendrá que depender exclusivamente de sus propias fuerzas, mientras que, en el supuesto contrario, puede hacer que actúe a su favor la desorganización del otro.

Un caso especial de nuevo príncipe es el de aquellos que, habiendo nacido ciudadanos particulares, se hacen con el poder supremo. Esta es una meta difícil, pero puede alcanzarse por muchos caminos.

El primero es de aquellos que llegan a príncipes gracias a sus dotes personales. Necesitan, es cierto, encontrar una ocasión propicia, sin la que su talento no podrían ponerse de manifiesto; pero la ocasión por sí sola, sin las excelentes cualidades de la persona, no permitiría alcanzar el éxito. Quienes adquieren así el principado, gracias a su *virtú*, encuentran, al principio, grandes dificultades, sobre todo porque tienen necesidad de fundar nuevas instituciones y nuevas leyes, pero en cambio se mantienen en el trono con bastante seguridad, porque suelen ser benefactores y porque han aprendido a fiarse solamente de sus propios recursos.

Pero hay otros príncipes que le deben todo a la fortuna. Estos llegan al poder casi sin esfuerzo, *en su camino no encuentran ningún obstáculo, se diría que vuelan*. Normalmente reciben la ayuda de ejércitos ajenos. En este pasaje pareciera que Maquiavelo está retratando a los reinstalados Medici, y el boceto se vuelve amenazador cuando añade que quienes así alcanzan el trono encuentran infinitas dificultades para mantenerse en él, pues no merecen su suerte, ni pueden esperar vivir seguros, a no ser que sigan supeditados a quienes les ayudaron, que habitualmente son volubles, y que dejarán de protegerlos cuando ya no convenga a sus intereses.

Hay un tercer camino, más tortuoso y oscuro: el de quienes alcanzan el poder por medio de crímenes y traiciones. Estos llegan rápidamente a la cima, pero para mantenerse en ella deben emplear métodos crueles. Maquiavelo aconseja un baño de sangre inicial, acompañado de algunas mejoras que favorezcan notablemente a los ciudadanos que queden vivos, y después de eso evitar volver al uso de la crueldad. En cambio, quienes se muestran indulgentes al principio, y se van haciendo cada día más crueles, han escogido la vía más rápida y certera para su propia perdición.

La última modalidad de ascenso al principado es hacerlo con el favor de los conciudadanos o de una fracción de ellos, y ayudándose de lo que Maquiavelo llama una "astucia afortunada". Quienes logran el poder de esta manera les es más fácil propiciar la ayuda del pueblo que de los notables del principado, lo que puede resultar muy conveniente. La forma en que estos príncipes permanezcan en el trono es que se las arreglen para parecer imprescindibles en toda circunstancia.

Un caso especial son los principados eclesiásticos. Para llegar a ellos se puede hacer uso de la virtud, de la suerte, de la astucia o del dinero, pero siempre respetando las formas que definen la institución de la Iglesia. Una vez que se adquiere ese tipo de principado, es fácil mantenerlo.

A pesar de ser un hombre práctico y no un moralista, Maquiavelo se muestra crítico en lo referente a la participación de la Iglesia en la política, aunque no por motivos éticos o religiosos, sino porque ve en el papado la fuente principal de la desunión de Italia.

Una vez que ha tratado acerca de los medios para hacerse del poder, Maquiavelo se ocupa de las maneras de mantenerlo, e incluso de acrecentarlo. En primer lugar hay que considerar el tipo de estado de que se trate. Los principados nuevos ofrecen mayores dificultades, sobre todo si se ejercen sobre pueblos que tienen distinta lengua y costumbres. Sin embargo, un país al mando de un solo señor, del que todos los demás, sin importar su rango, se consideran siervos, será más fácil de retener que otro que cuente con una nobleza poderosa. En este caso, conviene que el príncipe viva en los nuevos territorios, establezca colonias en ellos, procure evitar los motivos de rebelión y se presente como defensor del pueblo y azote de los grandes.

Los principados más difíciles de conservar son aquellos que se imponen a un pueblo libre. La libertad se olvida difícilmente, y ese recuerdo es suficiente para propiciar rebeliones y despertar los corazones de quienes fueron ciudadanos y se resisten a ser súbditos. Por eso, a quien se hace dueño de una ciudad así no le queda más remedio que reducirla a cenizas si quiere seguir siendo el amo: *No hay medio más seguro de posesión que la ruina. Y quien se apodera de una ciudad acostumbrada a vivir libre y no la destruye, que espere a ser destruido por ella.*

Sea cual fuere el tipo de principado que se intente consolidar, quien lo ocupa debe ser consciente de que no cuenta con otro apoyo que sus propios recursos; incluso quienes lo apoyaron en su ascenso resultan poco fiables, pues lo dejarán solo si se sienten poco recompensados. Por eso, el príncipe deberá estar siempre alerta, cuidando de que ningún súbdito, ningún estamento social, ninguna familia se engrandezca hasta extremos amenazantes, pues *quien favorece el poder de otro lubra su propia ruina.*

Por otro lado, Maquiavelo le da una gran importancia a los asuntos militares. Todo príncipe que pretenda seguir en el poder durante largo tiempo tiene que estar consciente de que su mayor cimentación es un ejército propio, de cuya dirección y organización se encargará personalmente. Un príncipe desarmado es despreciable y está a merced de cualquiera.

Las tropas deben estar bien ejercitadas, sin interrumpir su adiestramiento en los periodos de paz. Los mercenarios y las tropas auxiliares prestadas por otros príncipes no sólo resultan inútiles, sino que, lejos de constituir una ayuda, son una amenaza constante y muy peligrosa. Únicamente son seguras las armas propias, o sea, aquellas en las que los ciudadanos defienden su patria. Sólo entonces el ejército será de confianza, pues la traición y la cobardía no tienen razón de ser cuando cada soldado hace suyo el interés de la batalla. De modo que Maquiavelo incita a los príncipes a armar al pueblo, poniéndoles por delante la seguridad del éxito militar.

A primera vista, este consejo, aplicado a un príncipe dictador nos parecería demasiado ingenuo y a todas luces impracticable, pues como el mismo Maquiavelo expresa en los *Discursos*: *Sólo un pueblo extremadamente vil y corrupto puede soportar la tiranía... cuando la libertad se gana y puede conservarse por algún tiempo, es difícil que una ciudad se la deje arrebatar de nuevo.*

Pero Maquiavelo no piensa sólo en su fe republicana cuando envuelve en ejemplos antiguos y modernos el consejo de armar al pueblo, que parece del todo imprudente. En este aspecto sus ojos miran más lejos, él quiere una Florencia unida, fuerte y en pie de guerra, dispuesta a ponerse a la cabeza de una nueva nación italiana. Quiere que Italia recupere su autonomía y expulse a los extranjeros que, apoyados en las armas, llevan siglos disputándose su territorio como un botín. Sueña con una Italia por fin libre de los bárbaros y dispuesta a recuperar su hegemonía o, por lo menos, el respeto a sí misma como entidad nacional.

Por lo que toca a la política interior, Maquiavelo advierte que es imposible que un príncipe reúna en sí todas las virtudes morales, y aun en el caso de que eso fuera posible, no sería conveniente, pues los asuntos del Estado requieren el desarrollo de otra clase de cualidades. No hay que titubear en el caso de tener que asumir actitudes que pudieran ser reprobables en términos morales, cuando eso es necesario para la estabilidad del gobierno.

En lo que respecta al arte de gobernar, no se pueden fijar reglas precisas, pues la personalidad del sujeto y de las circunstancias harán que resulte adecuado un comportamiento u otro. Sin embargo, hay algunas directrices que, por lo común, dan buenos resultados si se aplican en la relación del príncipe con sus súbditos. En primer lugar, Maquiavelo recomienda que el gobernante se incline más bien a la tacañería que a la generosidad, lo que resulta más bien extraño en una cultura que prestigiaba la liberalidad caballeresca y el desprendimiento cristiano.

En el tema de la crueldad y la clemencia, no se propone regla alguna, pues depende mucho del carácter del gobernante y de sus necesidades. Maquiavelo se propone como ardiente defensor de la disciplina, y piensa que sólo algunos jefes con buena estrella y muy fuerte personalidad pueden permitirse el lujo de ser clementes sin que la situación degenere en el caos; sin embargo, por lo general, el príncipe debe utilizar la fuerza con toda naturalidad y... *no preocuparse de la fama de cruel, si con ello mantiene a sus súbditos unidos y leales.* Lo que sí es conveniente evitar es la arbitrariedad; es más seguro ser temido que amado, pero un rigor arbitrario vuelve odioso a quien lo ejerce, y el odio afila los puñales contra el tirano.

En el capítulo dedicado a la mentira se hace una especie de homenaje a la habilidad para violar los juramentos, estrategia que siguieron con gran éxito los más grandes políticos de su tiempo, en especial los españoles, destacando Fernando, el Católico, y el propio Alejandro Borgia. Como filósofo e historiador, Maquiavelo tiene la verdad en alta estima, pero como político la desaprueba, por ser un recurso pedestre e ineficaz. Por supuesto, la mentira que él recomienda no es el descarado engaño, que considera tan inconveniente como la verdad misma; él se refiere al disimulo, el arte de hacer la propia palabra fidedigna sin que eso represente la obligación de cumplirla. En este tema también se transgrede la moral caballeresca y cristiana, recomendando incluso que el príncipe aparente una acendrada religiosidad, acompañada de toda clase de virtudes morales, aunque lo que realmente se posea es la *virtú*, que es lo que verdaderamente sirve en la política.

Por otro lado, recomienda la prudencia, la previsión y la capacidad para rodearse de colaboradores sabios y expertos, aunque sin confiar excesivamente en ellos, y el rechazo de los aduladores, afirmando que para un príncipe es muy útil labrarse una reputación, y que nada cimienta mejor la fama como el atreverse a grandes empresas, aunque para hacerlo es preciso tener, además de osadía, un mínimo de posibilidades de éxito.

Los tres capítulos finales desvelan la intención de la obra. Se ha mostrado la conducta ideal del gobernante eficaz, y, si se analiza a la luz de estos conceptos la manera de regir en las cosas públicas de los gobernantes de su época, se podría identificar el cinismo, pero no la amplitud de miras, la organización y la iniciativa que propone Maquiavelo. Finalmente señala que las desgracias de Italia no se deben atribuir a la fortuna, pues ésta es como un gran río que, en sus crecidas, puede arrasarlo todo; pero los hombres prudentes son capaces de adelantarse a esas catástrofes, construyendo diques y canales que, aunque no evitan las crecidas, impiden que sus consecuencias sean destructivas. *Italia es un campo sin diques*, dice Maquiavelo, y por tanto cualquier crecida puede inundarla.

Pero ahora Florencia, si lo desea, puede ser líder de su resurrección. La naturaleza no ha variado y los italianos siguen siendo como aquellos que, en los tiempos de la expansión de Roma, conquistaron el mundo. Sólo hay que despertarlos y quitarles la costra endurecida que han dejado en sus almas siglos de corrupción. Esto es tarea de un príncipe; siempre es un hombre solo el que funda o regenera las repúblicas. Si Lorenzo de Medici, destinatario de la obra es capaz de desempeñar ese papel, las circunstancias son inmejorables, pues otro Medici, León X, ocupa el trono pontificio, de modo que el Vaticano, eterno obstáculo del resurgir de Italia, no se opondría esta vez a sus planes. Termina con una exhortación llena de urgencia: *No debemos, pues, dejar pasar esta ocasión para que Italia, después de tanto tiempo, encuentre un redentor.*

16

El amor en el exilio

na vez terminada aquella obra, dechado de fría racionalidad, entra en la vida de Maquiavelo un aire cálido y sensual; en agosto de 1514, escribe a su amigo Vettori:

...me he encontrado en la villa con una criatura tan agradable, tan delicada, tan noble por naturaleza tanto como por artificio, que no podría tanto alabarla y tanto amarla que ella no mereciese más aún... Y no creas que Amor, para atraparme, haya utilizado medios ordinarios, porque, sabiendo que no le hubieran bastado, usó recursos extraordinarios, de los que yo no pude o no quise cuidarme. Os bastará saber que, cercano a los cincuenta años, ni me molestan estos soles ni los caminos ásperos me fatigan, ni la oscuridad de la noche me espanta... Y aunque creo que me he embarcado en grandes afanes, siento dentro de mí tanta dulzura, así por lo que me brinda esta rara y suave presencia, como por haber dejado de lado el recuerdo de todas mis preocupaciones, que por nada del mundo, pudiendo hacerlo, quisiera liberarme. He abandonado, pues, todo pensamiento sobre cosas grandes e importantes; ya no encuentro agrado en leer las cosas antiguas ni en reflexionar sobre las modernas; todo se me ha transformado en pensamientos dulces, por lo que doy gracias a Venus.

Esta mujer se ha identificado con la hermana de un amigo que tenía Maquiavelo en sus tiempos de exilio y que se llamaba Niccoló Tafani. Ella despertó en el frío analista político una vena de sensibilidad que lo llevaría a ese dulce desapego emocional que expresa en su carta, pero también activaría en él esa vena poético literaria que era herencia de su madre; aquella presencia femenina en su vida le inspiró versos de gran sensibilidad, como la esta "serenata", supuestamente dedicada a ella:

Salve, mujer, entre todas elegida,
ejemplo raro de belleza en esta tierra,
¡oh! Fénix única, alma perfecta;
que toda hermosura en su alma encierra;
escucha esto que tu siervo dicta
ya que con los ojos le haces guerra,
y cree, si quieres ser dichosa,
las palabras dichosas que te dice.
Inútil ser de grande y alto ingenio,
inútil la potencia y el valor
a quien no tiene entrada en el reino
de Venus hermosa y de su hijo Amor;
desdén temible es tan solo el de ellos
y su ira y su implacable furor,
porque mujer es ella, joven y ligero él
y a muchos han privado de su ser.

La sinceridad y profundidad del que fuera, tal vez, el primer amor de su vida, le inspiraba versos mucho más límpidos y floridos que los que había escrito en lo que llamaba su Decenal, con los que había pretendido celebrar los sucesos contemporáneos a él. Pero el impulso poético, que había aparecido imprevistamente, lo llevó a retomar también aquellos versos pobres, y continuó la crónica hasta el año 1509, para abandonarla después definitivamente.

Al comienzo de éste, su segundo *Decenal*, había dicho de sí mismo que "osaba cantar en medio del llanto, aunque por el dolor casi extraviado". Pero la pasión amorosa había cambiado ese dolor, y la rima no salía espontánea, había que buscarla con gran trabajo.

A pesar de todo, Maquiavelo no podía permanecer demasiado tiempo alejado de los afanes de la política, de aquel alimento que, como había escrito un poco antes a Vettori, "es el único mío y para el cual he nacido". Entonces se enteró del proyecto de dar a Juliano de Medici (a quien hubiera querido dedicar El Príncipe en primer lugar) la señoría de Parma, Placencia, Módena y Reggio, pensando desde un principio que aquella iba a ser una señoría ...*hermosa y fuerte, como para poder conservarla en cualquier circunstancia, con tal de que fuese bien gobernada.*

El 31 de enero de 1515 escribía a su amigo Vettori, a quien confiaba todos sus pensamientos en aquellos desiertos días de la villa, que no hubiera podido recomendar a Medici otro modelo que el duque Valentino, *cuya conducta yo imitaría si estuviese en el caso de ser un príncipe nuevo.* Pero Juliano muere y el pontífice Medici piensa ahora en Lorenzo, a quien había destinado antes al ducado de Urbino. Cuando Maquiavelo recibió la noticia de estos nuevos proyectos y del nombramiento de Lorenzo como capitán general de Florencia, sintió que ya había tenido bastante de ese devaneo amoroso y confió en que su escrito sobre los principados sería recomendación suficiente como para que se le volviese a llamar a la política florentina y el nuevo Señor le brindase una misión.

En ese entonces le parecía que Lorenzo estaba en situación propicia para retomar los intentos de unificación que él, como canciller de la República florentina, había tratado de desbaratar obstinadamente cuando lo había pretendido Borgia o los venecianos. A los sueños de una Italia gobernada por los Borgia o por Venecia creía poder oponer ahora los de una Italia de los Medici, y por lo tanto florentina: *...preguntándome a mí mismo si la situación que vivía Italia en ese momento se adaptaba a la aparición de un nuevo príncipe, y si se daban las circunstancias para que uno prudente y virtuoso pudiese introducir formas que le diesen honor a él y fuesen un bien par todos los habitantes; me parece que tantas cosas concurren en pro de un príncipe nuevo, que no creo que haya existido un momento más adaptado que éste.*

En realidad, el momento para un sueño de esta clase —si alguna vez se había dado— ya había pasado definitivamente y los destinos de Italia estaban ahora en manos de otros: franceses, españoles, imperiales... Maquiavelo se engañaba además sobre la recepción de su obra por parte de los Medici; confiaba en que Lorenzo "desde la cumbre de su grandeza" dirigía sus ojos "a estos bajos lugares", sabiendo "cuán sin razón esté soportando yo un grande, continuo y desgraciado destino". Pero si es exacta una tradición que ha sido conservada en un código de la biblioteca Riccardiana, y que se hace remontar hasta el mismo Maquiavelo, la ceremonia de presentación del libro a Lorenzo fue dolorosamente humillante.

Nicolás Maquiavelo presentó su libro El Príncipe por sí mismo, junto con otros cortesanos obsequiosos, uno de ellos, regaló a Lorenzo un par de perros *... a los que miró con mayor interés, y con más amabilidad respondió a los que le habían regalado los perros que a él, por lo que se retiró indignado.* Reafirmada así su exclusión de la vida política, reducido nuevamente a su vida en la villa *...donde a veces me paso un mes entero si pensar en mí mismo...* comenzó a escribir unos versos autobiográficos imitando, o más bien haciendo una caricatura de los del Dante, también muy pronto interrumpidos por el hastío y cansancio, a los que llamó *El asno.*

Sin embargo, en ese periodo viajó con más frecuencia a Florencia, acogido en un círculo muy alejado del ambiente de los Medici, prolongación ideal de aquel que —como una ironía de la suerte— había fundado Bernardo Rucellai en Florencia, como una forma de oposición al régimen imperante. Allí, entre los más asiduos a estas tertulias se encontraban literatos de cierta fama, como Zanobi Buondelmonti, Juan Bautista della Palla, Francesco di Zanobi, Antonio Brucioli y otros. A este conjunto de literatos se acopló Maquiavelo a fines de 1516, habiendo ya terminado sus *Discursos*, mismos que dio a conocer a sus nuevos amigos.

Un año más tarde, les brindaría también una de las más bellas obras de teatro italianas, la fábula del *Señor Nicia o Comedia de Calímaco y de Lucrecia*, que pasó a la historia con el título de *La Mandrágora*, por el nombre de la hierba mágica que debía dar al marido crédulo el ansiado heredero.

La muerte de Lorenzo de Medici, el 4 de mayo de 1519, lo arranca bruscamente de estos ocios literarios y lo sumerge nuevamente en la vida política. De improviso los Medici parecían quedar reducidos a su antigua situación, y fue sólo gracias a la presencia de un miembro de esa familia en el trono pontificio y la autoridad de gobernador que en su nombre había asumido en Florencia el cardenal Julio de Giuliano de Medici que esa casa consiguió mantener el predominio en la ciudad. Mientras tanto, en esos días volvía a cuestionarse y a ponerse en discusión la forma de organización del Estado, y el mismo cardenal solicitaba a los políticos florentinos que expresasen su opinión al respecto; entre los participantes en estas discusiones estaba Nicolás Maquiavelo, quien redactó en un escrito su parecer, titulándolo, en latín según su costumbre, *Discursus florentinarum rerum post mortem iunioris Laurentii Medices*, que, para la construcción de su pensamiento político, no es menos importante que sus obras que acostumbramos a llamar "mayores". Un principio que se repite con frecuencia en estas páginas es: *para ordenar una república es necesario dar un lugar a las tres calidades de hombre que existen en todas las ciudades: los superiores, los medianos y los últimos.* Para precisar mejor esta afirmación y para comprender a quienes se designaba como "los últimos", es necesario aplicarle la respuesta que da, en esas mismas páginas, a los promotores de una ampliación de la base política del Estado, en el sentido que le había dado Savonarola: *Si no se lo amplía de modo que resulta una república bien ordenada, esa amplitud lo llevará a la ruina más rápido.* Es decir, se reabre aquí la polémica que ya a principios del siglo se había abierto por la ampliación o la restricción del Consejo Mayor. En este contexto, por tanto, debemos entender la reivindicación de la existencia en Florencia de una "igualdad entre los ciudadanos", habituados a la libertad, igualdad que impediría, según su opinión, el establecimiento de un principado de los Medici. En resumen, Maquiavelo sostiene una vez más la política de Solderini, congruente con los intereses de los "beneficiados", ofreciendo su apoyo al partido de los Medici. Así como en el 1512 su advertencia a los *Paleschi* había caído en saco roto, también ahora su nuevo intento fracasa, al igual que el de Guicciardini, que en esos mismos momentos confiaba en la fundación de un Estado oligárquico en el cual los Medici fuesen solamente los primeros entre sus pares. Pero con una diferencia, mientras en 1512 su apelación a los partidarios de los Medici no lo había salvado de la caída, este nuevo escrito político suyo le obtiene, con el auspicio de Lorenzo Strozzi, ser presentado al cardenal, en marzo de 1520. *Me alegro mucho* —escribió Felipe a su hermano Lorenzo, el 17 de marzo— *de que hayas llevado a Maquiavelo a casa de los Medici; con sólo que consiga un poco de confianza por parte de sus amos, no hay duda de que surgirá.*

17

El arte de la guerra

Por esa época, había comenzado a trabajar en una nueva obra que, como siempre en latín, tituló *De re militari*, pero que desde la primera edición, el 16 de agosto de 1521, tomó el nombre de *Arte de la guerra*. Redactada en forma de diálogo, la había ambientado en los Orti Oricellari, recordando la ocasión en que, a principios de septiembre de 1516, había visitado a Fabrizio Colonna, el célebre *condottiero* romano al servicio del emperador. Pero no hay que pensar que las ideas expuestas en el libro hayan surgido de la conversación con Colonna; desde mucho tiempo atrás estaban bien dibujadas en la mente del autor, y el episodio del encuentro sólo le sirvió para explicar, literariamente, qué era lo que lo había impulsado a poner por escrito sus proyectos de reforma militar, ambientando el desarrollo del diálogo en aquel cenáculo que lo había ayudado a resurgir.

El tratado sobre El arte de la guerra sólo resulta comprensible si se tiene presente el texto de las dos leyes (resoluciones) redactadas por Maquiavelo en diciembre de 1506 y en marzo de 1512 para la constitución de la Ordenanza florentina, leyes que representan la coronación de sus esfuerzos por dotar a la República de un ejército permanente según el modelo de la organización francesa de Carlos VII, perfeccionado por las experiencias de César Borgia que Maquiavelo estudió en el curso de su segunda legación ante el duque Valentino, así como sus observaciones sobre el reclutamiento de infantes que hacían lo alemanes, observada durante su primera legación ante Maximiliano. Sin estas referencias históricas concretas, el *Arte de la guerra* podría dar la impresión de ser una simple lectura de los clásicos adaptada y actualizada, con lo que la reforma que allí se propone no tendría consistencia ni base, mientras que, por el contrario, se fundamenta en un ideal político bien definido y concreto. Si esta obra ocupa un lugar de privilegio entre tantos escritos sobre el arte militar que la precedieron y siguieron, se debe precisamente al descubrimiento del nexo indisoluble que une en ella el factor político con el factor militar.

Su núcleo central , su duda, está en la extensa descripción de la batalla donde, a diferencia de lo que sucedía en el ejército tradicional, los infantes de Maquiavelo adoptan la nueva estrategia que infaliblemente les dará la victoria. En este punto se interpreta realmente con minuciosidad el ejemplo antiguo, en un intento por encontrar un nuevo sistema militar que logre enfrentar con ventaja al "cuadro de picas" de los suizos, es decir, aquel nuevo sistema de combate que marcó una revolución en la táctica militar, después que salieron vencedores en Moral (23 de junio de 1476). La dificultad está en que en esa búsqueda Maquiavelo cayó en un grave error al no darse cuenta de que el ejemplo antiguo, la descripción de Livio a propósito de la guerra entre romanos y latinos del año 338, a.C. —de donde la tomó él, no se refiere propiamente a una táctica de combate, sino que debe entenderse como la descripción de maniobras militares realizadas para adiestramiento de los infantes en las marchas de formación. Además, al dar una excesiva importancia al método de combate suizo (el cuadro) Maquiavelo desconsidera el valor táctico de la artillería, que ya asomaba como un arma poderosa, no solamente para el asedio, sino decisiva también en campo abierto.

En 1512, Maquiavelo se retiró con su mujer y cuatro hijos a Albergaccio. Allí, después de pasar el día cazando y charlando con los labriegos del lugar, dedicaba las veladas a escribir y leer historia. Dibujo de Leonardo da Vinci.

Pero si la parte "técnica" resultó superada en el mismo momento en que su autor la presentó, lo que sigue teniendo validez es la afirmación constante de la indisolubilidad del problema militar y el político; la convicción de la necesidad de un comando único en la cumbre del Estado, lo que implica el rechazo de las fuerzas mercenarias. La exigencia de un ejército compuesto de soldados dotados de un profundo amor a la patria, y que estén en consecuencia unidos a sus jefes políticos y militares no sólo por vínculos disciplinarios sino ante todo morales. Nos encontramos, pues, frente a la superación de aquellas restricciones que había impuesto la situación política florentina, en el momento en que se habían redactado las disposiciones para la infantería.

Mientras Maquiavelo escribía esta obra, que en realidad sería la que lo hiciera famoso entre sus contemporáneos, un amigo de los Orti Oricellari, Bautista della Palla, intercedería a su favor ante el pontífice y podía informarle, el 26 de abril de 1520, que lo había encontrado "muy favorablemente dispuesto hacia vos". Tanto es así que, como primera misión, intermedia entre el servicio público y el privado, Maquiavelo fue comisionado en julio por los priores (magistrados) y por el Confalonero de Justicia florentino, así como por el cardenal Medici, para defender en Luca a unos mercaderes florentinos comprometidos en la quiebra fraudulenta de un descendiente corrompido de una de las mejores familias de esa República vecina: Miguel di Giovanni Guinigui; y aprovechando que se encontraba en Luca, los oficiales de la Casa de Moneda le encomendaron otra misión, para resolver con las autoridades de Luca una cuestión de acuñamientos y medidas de peso.

18

Historias florentinas

n estas nuevas tareas, Maquiavelo se arreglaba como podía, dotado de una experiencia anterior realizada, siempre por cuenta de mercaderes, dos años antes en Génova; aunque Juan Bautista Bracci le hubiera escrito un día con toda sinceridad diciéndole que una misión de esta clase era más bien para "un contador o para un secretario", y no para alguien que había realizado tareas muy distintas al servicio de Florencia. Con todo, la ocasión no fue desaprovechada, y pronto dio sus frutos: un ágil *Sumario de las cosas de la ciudad de Luca*, unido a informes *Sobre las cosas de la Magna y sobre las cosas de Francia*, así como una reelaboración de la *Construcci Antelminelli Castracani lucensis dulcis vita* (La dulce vida de Contruccio Castracani), de Nicolás Tegrimi, le sirvió como antecedente de la misión que los Medici pensaban confiarle. El 6 de septiembre, Zanobi Buondelmonti le escribía acusando recibo de la obra y le decía que tanto él como Luis Alamanni, Leonardo Guidotti, Jacopo da Diacceto y Antonio degli Albizzi la habían considerado "buena y bien escrita", y que, después de leerla, era la opinión de todos que "debéis embarcaros con toda diligencia en la redacción de esta historia", refiriéndose en realidad a una obra de mayor envergadura, que era una historia de Florencia, que le encargarían los Oficiales del Estudio, el 8 de noviembre de ese mismo año, con una remuneración de cien florines. De esa manera recibía el nombramiento de "Historiador de la República", cargo que antes que él habían ocupado Leonardo Aretino, Poggio Bracciolini y Bartolomé Scala, y a estos autores hacía referencia en el prólogo de su propia historia, pero más que nada para hacer notar la distancia que había entre la orientación que él daba a su obra y la que le habían dado sus predecesores.

Al principio, cuando me decidí a escribir los sucesos acontecidos dentro y fuera del pueblo florentino, mi intención era comenzar la narración por el año 1434 de la era cristiana, año en que la familia de Medici, gracias a Cósimo y a su padre Juan, tuvo supremacía entre las familias de Florencia; porque pensaba que Leonardo de Arezzo y Poggio, excelentísimos historiadores, habían narrado detalladamente todo lo acontecido antes de ese momento. Pero habiendo leído después diligentemente sus escritos para ver el orden y la forma que utilizaban, a fin de que, imitándolos yo en mi historia, resultase la obra más aceptable a los lectores, he notado que han sido muy cuidadosos en la descripción de las guerras que los florentinos entablaron con príncipes y pueblos extranjeros; pero las discordias civiles, las amistades internas y los efectos que de ellas siguieron, en parte las callaron completamente, o si no las describieron tan brevemente que los lectores no pueden obtener de ellos utilidad ni placer alguno. No veo por qué estas luchas no merecerían ser descritas cuidadosamente; y si a estos nobilísimos escritores los retuvo el temor de ofender la memoria de aquellos sobre los que debían hablar, se engañaron y mostraron que conocían poco la ambición de los hombres y el deseo que tienen de perpetuar el nombre de sus antepasados y el de ellos mismos; y no tienen presente que muchos, no habiendo tenido oportunidad de adquirir fama a través de acciones loables, con las vituperables trataron de conquistarla; y no advierten que toda acción de importancia, como lo son las de los gobiernos y la de los estados, sean cuales fueren y cualquier fin que tuvieren, son causa para sus actores más de honor que de reprobación.

Nos encontramos pues, de lleno, en la temática de los *Discursos*, donde se habían dedicado numerosos capítulos centrales al análisis de las luchas entre patricios y plebeyos, teniendo siempre presente la experiencia republicana y comunal florentina. Por lo tanto, si bien era necesario retomar la narración de los orígenes, mostrando los aspectos dejados de lado por Aretino y Bracciolini, era evidente que la mayor parte del análisis histórico estaría dedicado al periodo más reciente de la historia florentina, del surgimiento del poder de los Medici en adelante.

En realidad, Maquiavelo encontraba la ocasión de desarrollar desde el punto de vista histórico la problemática que había abordado ante desde el punto de vista político en su Discurso. A esto se deben sobre todo ciertas distorsiones intencionales de los hechos, ciertas "falsificaciones" que más tarde se le reprocharán.

La realización de una tarea semejante, evidentemente, no planteaba problemas de solución tan fácil para quien era remunerado por el gobierno de los Medici; era difícil conservar la objetividad del juicio, y muchas presiones lo dificultaban. Por eso, en agosto de 1524, escribía a Guicciardini:

He estado y sigo estando en la villa a la espera de escribir la historia, y pagaría diez sueldos, por no decir más, para que tú estuvieses a mi lado, de modo que pudiese mostrarte dónde me encuentro, porque al tener que descender a ciertos detalles necesitaría tu opinión para saber si ofenden excesivamente, sea exaltando o rebajando las cosas; pero iré viendo y me las ingeniaré para que, diciendo la verdad, nadie tenga que quejarse.

Más o menos al mismo tiempo le había confiado a Donato Gianotti (como él mismo lo relató más tarde):

Me es imposible escribir esta historia a partir de cuando Cósimo llegó al poder, como la escribiría si me sintiese completamente libre; lo que narré será verdad, y no pasaré nada por alto, y sólo hablaré de las causas universales de las cosas; por ejemplo, hablaré de los sucesos acontecidos cuando Cósimo llegó al poder, pero no diré nada del modo y de los medios con que se llega a esa altura. Y quien lo quiera oír, que escuche con atención lo que pondré en boca de sus adversarios, porque lo que no quiera decir yo, lo haré decir a sus adversarios.

En resumen, Maquiavelo, aun aceptando escribir para los Medici, que antes había combatido, no reniega de sí mismo; y el espíritu con el que emprendía la tarea de interrogar al pasado reciente de su ciudad no era distinto al que lo había impulsado a ofrecer su apoyo a los "beneficiados", con el *Discursus florentinus rerum* (Discurso sobre los asuntos florentinos). Según Maquiavelo, las discordias internas entre los hombres del pueblo y los nobles habían llevado a Roma "de una igualdad entre ciudadanos a una enorme desigualdad". Esta tesis de las *Historias* es la misma que se desarrolla en los *Discursos*: *Si se quisiera un principado en Florencia, donde hay una gran igualdad, sería necesario primero crear la desigualdad y establecer muchos nobles en castillos y villas, que oprimiesen la ciudad y la provincia entera con la fuerza de las armas y de los protectores.* Para él, en esos años cruciales, Florencia era un Estado abierto a todas las posibilidades. Podía seguir siendo republicana, podía caer bajo el dominio de un príncipe o tomar otro modelo político. Para Maquiavelo, naturalmente, la forma constitucional más adecuada para la ciudad era la república: *...y mientras que Roma, habiéndose transformado su virtud en soberbia, se redujo a tales términos que sólo un príncipe podía gobernarla, Florencia*

En 1520, Maquiavelo recibió el encargo de escribir la historia de Florencia. Dedicó esta obra, *Istorie Fiorentine*, a Julio de Médici, que ascendió al trono pontificio con el nombre de Clemente VII.

CLEMENS . VIII . PONT . OPT . MAX

ha llegado a un punto en la que un sabio gobernante podría darle la forma que quisiera. Congruente con las tesis expresadas en *Discursos sobre la primera década de Tito Livio*, Maquiavelo considera que el "sabio gobernante" seguiría el ejemplo de Escipión, más que el de César.

Los ocho libros de las *Historias* fueron presentados por su autor al cardenal Julio, quien mientras tanto había ascendido al trono pontificio con el nombre de Clemente VII, en mayo de 1525. El ahora papa agradeció el obsequio y le regaló 120 ducados de oro, prometiéndole además un aumento de remuneración para los libros siguientes, que Maquiavelo nunca llegó a escribir.

Finalmente, el papa Clemente tuvo una suerte lamentable, el nefasto desenlace de la batalla de Pavía, en febrero de ese mismo año, lo había dejado a merced del emperador Carlos V, señor ya de Nápoles y del ducado de Milán, con lo que el papa Medici estaba lleno de ansiedad. Pero Maquiavelo, que se encontraba en Roma con el manuscrito de sus *Historias* creía tener el remedio oportuno, y la presentación de los primeros capítulos de su obra sería sólo el pretexto para abogar por sus ideas. En el vacío de poder que había producido en Italia y Europa el encarcelamiento del rey de Francia, era necesario que el pontífice pudiera oponer una fuerza militar propia a los ejércitos imperiales acampados en la llanura del Po. Que el papa instituyese su organización, sus milicias; desde luego, el material humano existía: Romaña, con sus célebres infanterías. Una vez más, Maquiavelo difundía sus ideas y lograba convencer a los consejeros del papa: el arzobispo Niklaus Shomberg y Jacopo Sadoleto, y hasta el mismo Clemente, hasta el punto que Sadoleto escribía a Guicciardini, por ese entonces presidente de la provincia de Romaña, que el proyecto de la nueva organización "aparte de su importante contenido, incluye propuestas que pueden significar la salvación, no sólo del Estado eclesiástico, sino de toda Italia, y prácticamente de la cristiandad entera". El dramatismo de estas palabras no fue suficiente para convencer a Guicciardini, quien sabía muy bien que los pobladores de la Romaña no representaban ya la misma confiabilidad que en pasados tiempos: *Hoy, las legiones de Romaña están incluidas dentro de los límites de las provincias, pero ideas y prácticas están vinculadas con príncipes extranjeros: los güelfos a Francia o a quien se presente a nombre de ellos, los otros al Emperador, de modo que la realidad es que la Iglesia no tiene parte ni amigos.* Desde luego, con estas fuerzas no se podría encontrar un apoyo sólido para la causa de la Santa Sede, pues los muchos de los romañones fácilmente hubieran tomado otros partidos, algunos afines a los franceses y otros al emperador. En estas condiciones, el viaje de Maquiavelo a Faenza para entrevistarse con Guicciardini quedó suspendido y él tuvo que regresar a Florencia con una sensación de fracaso y la esperanza de conseguir nuevas misiones.

El 17 de agosto, los "Cónsules" (oficiales) del gremio de los artesanos de la lana, lo comisionaron para realizar otra misión mercantil, esta vez en Venecia; pero lo que finalmente lo devolvió a la vida activa que tanto ansiaba fueron los acontecimientos internacionales. Cuando Carlos V decidió liberarse de aquel importante pero molesto prisionero que era Francisco I, inmediatamente se vio claro que la guerra recomenzaría, a pesar de los acuerdos a que se hubiese llegado con el prisionero. Maquiavelo así lo señaló e incluso escribió unos versos en tono de burla para satirizar lo que él consideraba una ingenua decisión del emperador. Mientras tanto, en Roma se pensaba en arbitrar las medidas de defensa y también en Florencia, que se consideraba vulnerable ante ese posible conflicto, sobre todo por la debilidad de sus murallas. Se mandó allá al conde español Pedro Navarra, pero se quiso poner a su lado a Maquiavelo, reconocido ya como un teórico del arte militar. Después de un primer informe sobre el estado de las fortificaciones de la ciudad, enviado al papa a principios del mes de abril, fue convocado él mismo a Roma, de donde regresó el 27 del mismo mes, con la orden de preparar los trabajos y de establecer los organismos que debía vigilar las obras. La resolución correspondiente, por la que se constituía la "Magistratura de los cinco proveedores de las murallas" fue redactada por el mismo que propuso la nueva magistratura, de la que también Maquiavelo era miembro, tomando como ayudante para en este cargo a su hijo Bernardo.

19

La decadencia

Al darse cuenta de que ya había superado la pendiente, Maquiavelo se siente invadido por un nuevo entusiasmo. El 18 de julio de 1526 lo encontramos en el campamento pontificio, junto a Guicciardini, en calidad de "experto militar":

> *Maquiavelo se encuentra aquí* —escribió el lugarteniente general del ejército a Roberto Acciaiuoli—; *ha venido para reorganizar esta milicia, pero después de ver lo viciada que está, no confía en poder hacerlo honrosamente. Se dedicará a reírse de los errores de los hombres, ya que no los puede enmendar.* La respuesta fue: *Aprecio mucho que Maquiavelo haya decidido reorganizar las infanterías. Quiera Dios que se realice lo que él tiene en la mente, pero temo que sea como la república de Platón, con todo creo que sería mejor que volviese a Florencia, para cumplir su misión de fortificar las murallas, porque los tiempos que corren parecen indicar que habrá necesidad de ellas.*

Acciaiuoli no era el único que dudaba de la capacidad de Maquiavelo para reorganizar las tropas, y no precisamente porque —como decía Guicciardini— ellas estuviesen demasiado viciadas. Bandello, en la dedicatoria de un cuento a Giovanni de Medici, nos ha dejado su apreciación de la incapacidad de Maquiavelo en la práctica, a pesar de ser el autor de *El arte de la guerra:* Él debería recordar aquel día en que, junto a Milán, nuestro ingenioso señor Nicolás Maquiavelo quiso concretar la organización de infantes de la que mucho tiempo había hablado tan extensamente en su libro sobre el arte militar. Se vio entonces toda la diferencia que hay entre quien sabe y quien no ha puesto en obra lo que sabe, y aquel que además de saber, ha puesto muchas veces las manos en la masa, como se suele decir, y ha trasladado el pensamiento y el concepto de su mente a la realidad exterior... Aquel día el maestro Nicolás nos tuvo en movimiento bajo el sol por más de dos horas, tratando de ordenar tres mil infantes según el ordenamiento que había escrito, y no consiguió hacerlo. Pero él hablaba tan bien y con tanta claridad que yo no entendía lo que estaba pasando, al oír sus discursos y exposiciones me sentía capaz de organizar con toda facilidad aquella infantería... Y al ver vos que el maestro Nicolás no iba a conseguirlo tan rápido, me dijiste "Bandello, yo voy a arreglar esto, y todos podemos irnos a comer" Dijisteis entonces a Maquiavelo que se fuese y os dejase actuar a vos, y en un abrir y cerrar de ojos, con la ayuda de los tambores, formasteis a esa gente en diversos modos y maneras, con gran admiración de quienes estaban presentes.

Finalmente, al ver que no podía poner en práctica sus teorías en el enfrentamiento con Milán, pero no queriendo tampoco volver a Florencia a hacer el papel de guardián de las murallas, Nicolás prefirió elegir el puesto de comisario, representante y secretario de su amigo el lugarteniente. Después del vergonzoso fracaso del asedio de Milán, trató de convencer a los jefes militares de la alianza para que realizasen un ataque general contra Cremona, discutiendo los planes de guerra con el duque de Urbino y con el superintendente veneciano Pedro Pesaro, en base a las directivas que había dado Guicciardini; y cuando la inesperada tregua firmada en Roma por el pontífice acabó con todos los esfuerzos realizados hasta el momento, de todas maneras se quedó junto al lugarteniente, tratando de salvar lo más que se pudiera de la única manera posible: dejando del otro lado del Po a Juan de Medici con sus tropas, engrosadas lo más posible con infantes pontificios; pero los sueños de unificación de Italia que había cultivado Maquiavelo parecían haberse disipado completamente.

Volvió a Florencia demasiado tarde para aceptar la invitación del pontífice para ir a Roma como comisario de las tropas enviadas a desalojar de sus fortalezas a los soldados rebeldes. Pero le correspondería realizar misiones de muy distinta índole. En noviembre bajaban como un torrente, desde Bolzano, diez mil soldados mercenarios al servicio de los alemanes, mismos que no pudieron ser detenidos por los venecianos; los florentinos, temerosos por las noticias que llegaban de minuto en minuto, enviaron a Maquiavelo a entrevistarse con Guicciardini. Maquiavelo encontró al lugarteniente en Módena, aturdido y desesperado por lo que estaba sucediendo. El ejército de la liga, después de la defección del papa, estaba fraccionado a uno y otro lado del río Po, indiferente al avance de los soldados alemanes. Los florentinos, como de costumbre, estaban dispuestos a negociar con el enemigo, con tal de salvarse de un saqueo muy probable; pero cuando Maquiavelo, en nombre de los Ocho de Práctica (junta de gobierno de Florencia), expuso a Guicciardini el proyecto de negociar, éste le respondió que aquello ...*era algo inútil e infructuoso, porque el intento de sobornar a los alemanes o de llegar a un acuerdo con ellos no tendría éxito.* Según su opinión, lo único que se podría intentar era reconstruir por cualquier medio la unidad del ejército de la Liga, volviendo a crear la confianza entre los aliados. Para lograr aquello era necesario que Clemente VII diera pruebas patentes e inequívocas de su ruptura con Carlos V: *Hace falta volver a ganar a los confederados distanciados por ese acuerdo, lo cual, aunque vuestra defensa coincide con los intereses de*

Para aceptar el papel de padre de la patria propone a Lorenzo de Médici, duque de Urbino: vana exhortación, pues Lorenzo no pasaba de ser una figura secundaria que no ofrecía la menor esperanza.

ellos, no lo podréis nunca obtener mientras no os vean tan desavenidos con los imperiales como para que se convenzan de que ya es imposible cualquier acuerdo. Para probarlo, Guicciardini proponía el arresto a traición de los plenipotenciarios imperiales en Roma, y la venta simoníaca de algunos capelos cardenalicios para financiar el ejército: *...de otra manera el temor de que la ayuda que os prestasen fuese a servir para que vosotros consiguieseis un arreglo más soportable los haría andar siempre remisos.*

Maquiavelo compartía esas ideas y volvió por corto tiempo a su patria para informar de los resultados de sus arreglos, regresando al frente en febrero de 1527 y acompañando a Guicciardini quien, al frente del ejército de la Liga, se dirigió a Florencia, recibiendo en el camino los refuerzos enviados por el duque de Urbino, por lo que los alemanes decidieron renunciar a una campaña que ahora se presentaba como difícil, encaminándose directamente a Roma.

Mientras tanto, dentro de los muros de Florencia, la ocasión era propicia para los opositores de los Medici para liberarse del gobernador pontificio, el cardenal de Cortona. La noticia de la caída de Roma llega a Florencia el 11 de mayo, y tiene como consecuencia la caída del gobierno de los Medici y el restablecimiento de la República. Maquiavelo se encontraba en la población de Civitavecchia, enviado por Guicciardini al almirante Doria. Volvió a Florencia con la esperanza de que el nuevo gobierno republicano lo reintegrase a su antiguo cargo, como jefe de la Segunda Cancillería, pero sólo encontró animadversión en sus conciudadanos. Según el testimonio de Juan Bautista Busini en sus *Cartas a Benito Varchi*, el pueblo florentino no quería a Maquiavelo pues muchos opinaban que El Príncipe era un escrito orientado a crear una dictadura que "arrebatara a los ricos todos sus bienes y a los pobres toda su libertad".

Los partidarios de Savonarola opinaban que Maquiavelo era un hereje, los moralistas lo tenían por deshonesto, los pobres y marginados lo veían como su enemigo. Maquiavelo tenía ya sesenta años de edad y una larga trayectoria de incomprensión por parte de sus conciudadanos.

En este ambiente de marginación intelectual, emocional y política, muere el 21 de junio de 1527, rodeado únicamente por sus amigos más íntimos; al día siguiente es sepultado en el cementerio de la Santa Croce.

* * *

Impreso en Offset Libra

Francisco I. Madero 31

San Miguel Iztacalco,

México, D.F.